留学生专业汉语系列教程

丛书主编　龙又珍

中南财经政法大学本科留学生课程体系建设及教学资源开发项目（31410011401/114）成果

2021年湖北高校省级教学研究项目"课程思政视域下来华留学生《法律汉语》课程改革与创新研究"（2021167）成果

武汉理工大学教学改革项目"中华优秀传统文化在高校留学生中的传播机制研究及实践"（W2022168）成果

法律汉语

（通论篇）

王　耿　曾　李　江登琴　编著

编委　黄　娟　潘丰文　沈　威

秦小莉　汪正君　李木子

王　耿　曾　李　江登琴

WUHAN UNIVERSITY PRESS
武汉大学出版社

图书在版编目（CIP）数据

法律汉语.通论篇/王耿,曾李,江登琴编著 .—武汉:武汉大学出版社,
2023.8
留学生专业汉语系列教程/龙又珍主编
ISBN 978-7-307-23597-7

Ⅰ.法…　Ⅱ.①王…　②曾…　③江…　Ⅲ.法律—汉语—对外汉语
教学—教材　Ⅳ.H195.4

中国国家版本馆 CIP 数据核字（2023）第 027096 号

责任编辑:白绍华　　　责任校对:鄢春梅　　　版式设计:马　佳

出版发行:**武汉大学出版社**　（430072　武昌　珞珈山）
　　　　（电子邮箱:cbs22@ whu.edu.cn 网址:www.wdp.com.cn）
印刷:武汉中远印务有限公司
开本:787×1092　1/16　印张:9.5　字数:225 千字　插页:1
版次:2023 年 8 月第 1 版　　2023 年 8 月第 1 次印刷
ISBN 978-7-307-23597-7　　　定价:39.00 元

总　　序

　　"留学生专业汉语系列教程"是一套面向中级汉语水平来华留学生的汉语教材，适用于在中国接受本科或研究生相关专业学历教育以及对中国人文、法律、经济等领域感兴趣的留学生或相关教研人员、业余爱好者。

　　教学实践表明，留学生在中文授课语境中学习专业课时，会面临专业词汇、特有句式以及文化背景差异等鸿沟，而 HSK 四级或五级水平仅能满足留学生日常生活需要，无法使其顺利实现从生活汉语到专业汉语的过渡。此外，近年来教育部强调要加强对来华留学生中国法律法规、国情校情和文化风俗等方面的教育，增进中外学生的交流和友谊，增强来华留学生对中国发展的理解和认同，讲好中国故事，传播好中国声音。因此，在上述背景下，我们尝试编写一套关于中国文化、法律、经济等领域的专业汉语教材，既能促使留学生提升相关专业汉语水平，又能增进其对中国文化、法律、经济领域的了解。

　　该系列教程包括《人文汉语》《法律汉语》《经济汉语》三部教材，每部教材各15课。为确保教材的专业性和实用性，每部教材的编写团队由专业学院教师和对外汉语教师共同组成。教材整体设计思路和体例大致相同，具体内容根据不同学科的特点略有差异。教材选文来自相关专业期刊论文、科普性文章、新闻报道及具体案例，我们根据留学生的汉语水平对选文语言进行了适当改编，使之既不失作者原意，又适应于对外汉语教学。此外，我们根据留学生需求筛选、注释了专业词汇、特有句式并精心设计了课后练习，以便在读懂选文大意的基础上反复巩固专业汉语知识。教材初稿完成后，我们在中南财经政法大学来华留学本科生中试用了一学年，然后根据学生反馈对教材进行了修改、补充，并最终定稿。

　　该系列教程获得中南财经政法大学中央高校教育教学改革项目及校级教学研究项目的资助，相关课程的开设也得到学校教务部及国际教育学院的大力支持。此外，教材编写团队成员及武汉大学出版社领导和编辑们在本教程编写和出版过程中付出甚多，在此我们表示由衷的感谢！

　　由于编者水平及精力有限，首批仅推出《人文汉语》《法律汉语》《经济汉语》三部教材。随着来华接受学历教育的留学生不断增多，各学科和专业汉语的交融也会愈加深入，相信未来会有涉及更多学科的专业汉语教材问世。

编 写 说 明

适用对象：

　　《法律汉语（通论篇）》是一本面向法学相关专业来华留学生的汉语教材，学习者已通过汉语水平考试四级（HSK4）并学过 2000～2500 个常用词汇，具备基础的汉语交际能力，即将在中国接受法学本科或硕士学历教育。

教材目标：

　　本教材以提高中级汉语水平学习者的中文法学文本阅读能力为宗旨，具体来说，完成本教材学习后，学习者应达到以下目标：

　　1. 巩固中级水平汉语知识及能力。

　　2. 扩充一定量的法学高频词汇和特殊句式，提升法学词汇、句式的自学能力以及法学文本的阅读能力。

　　3. 了解法学入门知识，消除学习者对中文法学文本的陌生感，逐步适应法学专业中文授课语境。

教材特色：

　　1. 注重选文的系统性。选文的编排贴合目前高校《法学通论》《法学概论》类课程，选文内容对应法理学、宪法以及刑法、民法、商法、国际法等多个部门法律，力图使学习者在使用该教材后，能很快地融入相关法学专业课学习中，达到学以致用的效果。

　　2. 注重选文的科学性。教材编写组通过语料库技术筛选出一些高频法学词汇和句式，选文尽可能多地涵盖这些高频词汇和句式，力图做到"急用先学"，有的放矢。

　　3. 注重选文的时代性。选文来源于近年来最新案例或新闻报道，讨论了中国民法典的诞生、离婚冷静期、醉驾入刑、电子商务法的意义、知识产权的保护等热点话题，呈现了当代中国法治建设新风貌。

　　4. 注重选文的趣味性。选文贴近日常生活，案例生动有趣、通俗易懂。编写时参考《国际中文教育中文水平等级标准》，适当删改繁难词句，降低学习者阅读障碍，最大程度激发学习者兴趣。

　　5. 注重选文的思政性。作为一本面向来华留学生的教材，其思政性表现于中国国情教育功能。选文多角度展示了新时代中国的法治文化以及法治建设的最新成就，力图增进留学生对中国的了解。

　　6. 注重练习的合理性。以"精讲多练、重复再现"原则为指针，通过合理设计练习让学习者反复巩固法学专业词汇和句式。

使用方法：

1. 本教材共 15 课，每篇课文 1200 字左右，因此建议设置一门 64 学时（4 学分）的课程，学完一课预计用时 4 学时，共计 60 学时，剩余 4 学时为机动学时或实践学时。课程可在一学期完成，也可拆分为上、下两学期。

2. 本教材适用于综合课，也适用于阅读课，不同课型采用不同教学方法。

未来展望：

《法律汉语（通论篇）》是"法律汉语丛书"第一册，旨在通过相关案例和新闻报道描摹各部门法律的总体轮廓，介绍法学基础知识和相关汉语知识。随着法学留学生专业课程的深入，编写组还将立足于需求，选择留学生受众多的部门法律，编写"国际法篇""民法典篇"等更为专业的法律汉语教材，继续搭建对外汉语和法学学科之间的桥梁。

目　　录

第一课　大陆法系与普通法系

☞**课文精读**

法系是按照世界上各个国家和地区法律的源流关系和历史传统以及形式上的某些特点对法律所作的分类。那些形式上具有相似或相同特点、属于同一历史传统、具有相同源流关系的法律体系通常被归为一类，或者说被划分为一个大家族，统称法系。法系的特点具有多样性，大体上有：(1)国际性，指影响的范围具有广泛性。(2)继承性，指对相同历史传统的继承。(3)家族相似性，指相同的法系具有大致相同的表现形式。世界上的法律体系非常复杂，一般来说，法系主要有：大陆法系、普通法系、中华法系、伊斯兰教法系等。其中大陆法系与普通法系是当今世界主要的两大法系。

大 陆 法 系

大陆法系，又称民法法系、罗马法系、罗马德意志法系、日耳曼法系、法典法系、成文法系等，是指法国、德国等欧洲大陆国家在罗马法基础上建立起来，以1804年《法国民法典》和1896年《德国民法典》为代表的法律，以及在其法律传统影响下仿照它们而形成、发展起来的西方各国法律体系的总称。

大陆法系的分布地区非常广，欧洲大陆大多数国家、前欧洲国家的殖民地、拉丁美洲等许多国家和地区都属于大陆法系。此外，由于历史的原因，日本、土耳其、英国的苏格兰、美国的路易斯安那州、加拿大的魁北克省、中国的台湾地区及澳门特别行政区等也基本上属于大陆法系。

大陆法系有以下几个特点：(1)法律成文化和法典化；(2)不承认法官有创制法律的权力，否认判例具有法律效力；(3)在法律分类上，有公法①与私法②之分；(4)在诉讼中，坚持法官的主导地位，奉行职权主义；(5)一般采用民、刑诉讼与行政诉讼分开的管辖体制，法院机构的组织、庭审模式都由法律明确规定。

---

① 公法(public law)主要是指调整国家与普通公民、组织之间关系以及国家机关及其组成人员之间关系的法律，比如宪法、行政法、刑法以及所有的诉讼法都属于公法。

② 私法(private law)主要是指调整普通公民、组织之间关系的法律，比如民法、商法属于私法。

普 通 法 系

　　普通法系，又称英美法系、判例法系①、不成文法系、英吉利法系，是以英国中世纪法律，特别是普通法②为基础形成、发展起来的西方各个国家和地区法律的总称。普通法系是以英国的普通法、衡平法③和制定法④为基础，融入罗马法、教会法以及中世纪商法的若干原则而逐步形成的一个世界性的法律体系。普通法系的分布范围包括英国本土(苏格兰除外)、美国(路易斯安那州除外)、爱尔兰、加拿大(魁北克省除外)、澳大利亚、新西兰以及亚洲、非洲某些英语国家和地区。

　　普通法系有以下几个特点：(1)普通法系是法官的创造物，法官在普通法系的形成和发展中发挥了重要作用；(2)普通法系的渊源以不成文法为主，判例是最主要的，而制定法、习惯法⑤、学说、情理在普通法系中只起次要作用，普通法系国家一般都反对法典化，反对编纂法典；(3)在法律分类上，普通法系有普通法与衡平法之分，无公法和私法之分；(4)在法院的建制方面，普通法系没有独立的行政法院系统，民、刑事案件与行政案件均由同一法院即普通法院系统受理；(5)普通法有一套独特的概念术语。

两大法系比较

　　普通法系和大陆法系既有联系，又有区别。

　　两大法系的相似性主要体现在：同是西方法律制度，在本质、功能、历史类型方面都是相同的，在根本基础、基本原则、法律理念、主要内容、历史根源方面是一致的，都崇尚法治，崇尚法律至上。

　　两大法系的差异主要表现在：(1)法律渊源不同。大陆法系以罗马法为基础，侧重于成文法，比较注重立法和法典编纂。普通法系以判例法、不成文法为主，提倡非法典化。(2)法律分类不同。大陆法系有公法、私法之分，普通法系有普通法、衡平法之分。(3)法官权限不同。大陆法系强调法律条文，认为司法活动必须依据法律规范展开，法官对法

---

　　①　判例法(case law)是英美法系法律的一个重要渊源，泛指可作为先例据以决案的法院判决，根据判例法，某一判决中的法律规则不仅适用于该案，而且往往作为一种先例而适用于以后该法院或下级法院所管辖的案件。

　　②　普通法(common law)是12世纪前后发展起来的，由英国王室法庭实施于全国的普遍适用的习惯法和判例法。

　　③　衡平法(Equity)是英国自14世纪末开始与普通法平行发展的、适用于民事案件的一种法律。衡平法的形式更加灵活，在审判中更加注重实际，而不固守僵化的形式，从而弥补了普通法的一些不足之处。

　　④　制定法(statute law)又称成文法，指国家机关依照一定的程序制定和颁布的，表现为条文形式的规范性法律文件。

　　⑤　习惯法(customary law)是独立于国家制定法之外，依据某种社会权威确立的、具有强制性和习惯性的行为规范的总和。它既非纯粹的道德规范，也不是完全的法律规范，而是介于道德与法律之间的准法规范。

律没有解释权，必须按条文办案，不能创立法律。普通法系主要以判例法为基础，遵循先例原则，法官有法律解释权，可以创造法律。事实上，法官的每一次审判活动都是法律的再一次创制。(4)诉讼程序不同。大陆法系的诉讼程序以法官为重心，奉行职权主义，突出法官的职能，具有纠问程序的特点。而且，大陆法系多由法官和陪审员共同组成法庭来审判案件。普通法系的诉讼程序奉行当事人主义，以原告、被告及其辩护人和代理人为重心，法官在其中只起消极、被动作用，只是双方争论的"仲裁人"，不能参与争论。与这种对抗式(抗辩式)程序同时存在的是陪审团制度，陪审团主要负责作出事实上的结论和法律上的基本结论(如有罪或无罪)，法官负责作出法律上的具体结论，即判决。

此外，两大法系在法律结构、法律术语、法学教育、司法人员录用和培训、司法体制等方面，也有许多方面的差异。进入 20 世纪以后，两大法系之间的相互交流不断加强，因而差别逐渐缩小，呈现出相互融合的趋势。但是在总体上，两者所继承的传统和运行方式仍然有重大的差别，它们恐怕在短期内不容易完全合一。

(选自吴汉东主编《法学通论》(第六版)，北京大学出版社，2012 年)

☞生词学习

1. 法系	fǎxì	名	genealogy of law
2. 按照	ànzhào	介	according to
3. 源流	yuánliú	名	origin and development
4. 多样性	duōyàngxìng	名	diversity
5. 继承性	jìchéngxìng	名	inheritance
6. 相似性	xiāngsìxìng	名	similarity
7. 法典	fǎdiǎn	名	code
8. 成文	chéngwén	名/动	existing writings；written
9. 仿照	fǎngzhào	动	imitate
10. 分布	fēnbù	动	distribute
11. 殖民地	zhímíndì	名	colony
12. 诉讼	sùsòng	动	lawsuit；litigation
13. 权力	quánlì	名	power
14. 主导	zhǔdǎo	动	dominate
15. 奉行	fèngxíng	动	pursue
16. 行政诉讼	xíngzhèng sùsòng		administrative lawsuit
17. 管辖	guǎnxiá	动	have jurisdiction over；administer；govern
18. 体制	tǐzhì	名	system of organization
19. 庭审	tíngshěn	动	court trial
20. 中世纪	zhōngshìjì	名	The Middle Ages
21. 逐步	zhúbù	副	step by step；gradually
22. 发挥	fāhuī	动	give play to

23.	渊源	*yuānyuán*	名	origin；source
24.	情理	*qínglǐ*	名	reason；sense
25.	反对	*fǎnduì*	动	oppose；object to
26.	编纂	*biānzuǎn*	动	compile；write
27.	独特	*dútè*	形	unique；distinctive；peculiar
28.	术语	*shùyǔ*	名	term
29.	制度	*zhìdù*	名	system；regime
30.	本质	*běnzhì*	名	essence
31.	类型	*lèixíng*	名	type；genre；category
32.	理念	*lǐniàn*	名	idea；vision
33.	崇尚	*chóngshàng*	动	uphold；advocate
34.	法治	*fǎzhì*	名/动	rule of law；rule by law
35.	差异	*chāyì*	名	difference；discrepancy
36.	立法	*lìfǎ*	动	legislate
37.	权限	*quánxiàn*	名	jurisdiction；limits of authority
38.	司法	*sīfǎ*	动	administration of justice
39.	办案	*bànàn*	动	take charge of a case
40.	遵循	*zūnxún*	动	follow；abide by；adhere to
41.	创造	*chuàngzào*	动	create
42.	程序	*chéngxù*	名	procedure
43.	陪审员	*péishěnyuán*	名	assessor；juror
44.	审判	*shěnpàn*	动	judge
45.	当事人	*dāngshìrén*	名	party（to a lawsuit）
46.	原告	*yuángào*	名	plaintiff；accuser
47.	被告	*bèigào*	名	defendant
48.	辩护人	*biànhùrén*	名	defender；counsel
49.	代理人	*dàilǐrén*	名	agent；attorney
50.	消极	*xiāojí*	形	passive；negative
51.	被动	*bèidòng*	形	passive
52.	争论	*zhēnglùn*	名	controversy；argument
53.	仲裁	*zhòngcái*	动	arbitrate；arbitration
54.	陪审团	*péishěntuán*	名	jury
55.	结论	*jiélùn*	名	conclusion
56.	判决	*pànjué*	名	judgment
57.	融合	*rónghé*	动	fuse；mix together
58.	趋势	*qūshì*	名	tendency；trend
59.	恐怕	*kǒngpà*	副	probably

☞**语法训练**

1. 法系是<u>按照</u>世界上各个国家和地区法律的源流关系和历史传统以及形式上的某些特点对法律所作的分类。

法官对法律没有解释权，必须<u>按</u>条文办案，不能创立法律。

"按照/按"是介词，意为"根据"，在法律文本中常常使用该词援引某法律或某法条，类似的词语还有"依据、依照"等。例如：

①按照刑法，这种行为会怎么量刑？

②根据中国《婚姻法》，小张和小李已经达到了法定婚龄。

③依照《中华人民共和国民法典》，他的行为属于可撤销民事行为。

◆训练：用"按照、根据、依据、依照"等词语完成句子。

（1）＿＿＿＿＿＿＿＿＿＿＿＿＿＿，小王的行为属于犯罪。

（2）＿＿＿＿＿＿＿＿＿＿＿＿＿＿，结婚年龄，男不得早于 22 周岁，女不得早于 20 周岁。

（3）＿＿＿＿＿＿＿＿＿＿＿＿，妇女享有与男子平等的就业权利。

2. X 性：国际性、多样性、继承性、相似性

　　X 化：成文化、法典化

语素"性"出现在名词、形容词、动词后，表示事物的性质或性能；语素"化"出现在名词或形容词后构成动词，表示转变成某种性质或状态。

◆训练：理解下列词语，并填空。

重要性、可能性、实用性、慢性、现代化、绿化、全球化、净化

（1）手机的拍照功能具有＿＿＿＿＿＿。

（2）这种花放在房间可以＿＿＿＿＿＿空气。

（3）这是一个＿＿＿＿＿＿的时代。

（4）这个新技术能够很快＿＿＿＿＿＿沙漠。

（5）＿＿＿＿＿＿病很难康复。

（6）我觉得他通过这次考试的＿＿＿＿＿＿不大。

（7）越来越多的人了解了保护环境的＿＿＿＿＿＿。

（8）计算机可以帮助人们实现＿＿＿＿＿＿。

3. 普通法系的分布范围包括英国本土（苏格兰<u>除外</u>）、美国（路易斯安那州<u>除外</u>）、爱尔兰、加拿大（魁北克省<u>除外</u>）、澳大利亚、新西兰以及亚洲、非洲某些英语国家和地区。

"……除外"格式表示某些事物、事件不包含在此前的范围内，例如：

①图书馆每天开放，周一除外。

②不动产物权的设立、变更、转让和消灭，经依法登记，发生效力；未经登记，不发生效力，但法律另有规定的除外。

③你可以用我的洗漱用品，牙刷除外。

◆训练：用"……除外"完成句子。

（1）你可以携带和使用手机，但是＿＿＿＿＿＿＿＿＿＿＿。

（2）你可以吸烟，但是＿＿＿＿＿＿＿＿＿＿。

(3)所有学生都可以参加这个社团，_____。

☞ **课后练习**

一、理解下面含有语素"性"的词语的意思，选择合适的词语填空。

创造性、可能性、规律性、科学性、复杂性

(1)武汉一年四季的气温变化具有_____。

(2)如果你通过了 HSK 六级考试，就有很大的_____得到奖学金。

(3)这个游戏可以培养小孩的想象力和_____。

(4)很多警察认为这个案件具有_____，因此需要更多的证据。

(5)这个结论没有_____，所以科学家们都不相信。

二、理解下面含有语素"化"的词语的意思，选择合适的词语填空。

现代化、美化、微型化、正常化、多样化

(1)这些花儿放在家里可以_____房间。

(2)深圳是一个_____的年轻城市。

(3)手机越来越_____。

(4)淘宝网可以满足人们_____的购物需求。

(5)这两个国家的关系终于实现了_____。

三、复习本课生词，选择合适的词语填空。

按照、诉讼、权力、主导、逐步、差异

(1)在这个公司，王经理_____大大小小所有的事情。

(2)改革开放以后，中国的经济水平_____提高。

(3)_____学校的规定，你不能得到硕士学位。

(4)老师应该关注学生的性格_____。

(5)国家的一切_____都属于人民。

(6)经过漫长的_____程序，这个公司终于胜利了。

反对、独特、制度、崇尚、权限、管辖

(1)她唱歌的声音非常_____。

(2)许多人_____政府最新的税收政策。

(3)公司的员工应该遵守公司的管理_____。

(4)年轻人_____自由的单身生活，不愿意太早结婚。

(5)你没有_____使用这台电脑。

(6)这个案件由人民检察院_____。

术语、办案、创造、程序、判决、仲裁

(1)警察正在犯罪现场_____，请不要打扰。

(2)不同的专业有不同的专业_____。

(3)网上购物的_____很简单。

(4)法院宣布了最终的_____。

(5)关于合同存在的问题，这两个公司准备申请_____。

(6)华为公司_____了许多新技术。

审判、趋势、争论、恐怕、原告、被告

(1)5G 通信技术的普及是今后主要的_____。

(2)环境保护问题引起很多人的_____。

(3)今天下午_____会下雨，你要带雨伞。

(4)_____是指为保护自己的合法权益，以自己的名义向法院提起诉讼，从而引起诉讼程序发生的人。

(5)在民事诉讼中，_____与原告的诉讼地位平等。

(6)法官正在_____这个案件。

四、用括号里的词语完成句子。

(1)关于这个问题，_____。（争论）

(2)_____，这个公司负有全部责任。（仲裁）

(3)由于没有足够的证据，_____。（判决）

(4)他为了保护自己的合法权益，_____。（诉讼）

(5)_____，他应该被判处无期徒刑。（按照）

五、用下面的词语造句。

(1)除外：

(2)按照：

(3)多样性：

(4)反对：

(5)诉讼：

(6)逐步：

(7)差异：

(8)创造：

(9)仲裁：

(10)权限：

六、根据课文内容，回答问题。

(1)什么是法系？法系有哪些特点？

(2)大陆法系有哪些特点？

(3)普通法系有哪些特点？

(4)大陆法系和普通法系有哪些区别？

☞拓展阅读

中国法律属于什么法系

　　法系是西方法学中一个常见的概念，西方法学家在法系的划分上也很不一致，但不少法学著作在论述法系问题时，多举英美法系、大陆法系、中华法系、印度法系、伊斯兰法系五大法系。这五大法系除大陆法系和英美法系外，其余的基本上已经成为法制史上的概念。

中国的法律到底是什么法系呢？事实上，中国法律是由中国内地法律、中国香港法律、中国澳门法律、中国台湾法律共同组成的。

首先，当代中国内地法律文化的渊源主要有：(1)马克思主义关于法的基本思想及社会主义各国尤其是中国自己的社会主义法制建设的经验；(2)西方法律制度和法律思想；(3)中国古代法律传统。1949年中华人民共和国成立后，废除之前的六法全书，建立了一套新的法律制度与体系，可以说是很大程度上学习了苏联的那套制度。此外，中国是成文法国家，不承认判例法；有公法和私法的划分；法官在诉讼程序中起主要作用；在运用法律时采用演绎法的推理方法，这些在很大程度上与大陆法系的特点极为相似。因此，如果问中国内地的法律属于大陆法系还是英美法系？答案毫无疑问是大陆法系。然而，在大陆法系和英美法系逐渐融合的趋势下，中国内地法律吸收了大陆法系的实体法律和英美法系的控辩思想，同时保留了中国法系的优秀理念，形成了具有中国特色的社会主义法系，所以，不能简单地说中国内地法律属于哪种法系，准确地说应该是倾向于哪种法系，即中国内地法律倾向于大陆法系。

其次，中国在香港、澳门地区贯彻"一国两制"的原则，在回归后，香港、澳门仍保留原来的法律制度，因此，香港特别行政区的法律属于英美法系，澳门特别行政区的法律属于大陆法系。

最后，清末修订法律基本仿效大陆法系，尤其是德国法来建立自己的新法体系。1927年南京国民政府成立后，仿效德国和日本建立起自己的六法体系，这是大陆法系最重要的标志，史称"六法全书"。国民党后来把"六法全书"带到了台湾岛，并在台湾地区延续了下来，所以说中国台湾地区是法德式的大陆法系，而且还是非常典型的大陆法系。

◎思考：
1. 根据西方法学家的划分，世界上一般有几种法系？
2. 中国内地法律文化的渊源有哪些？
3. 从地域上看，中国法律由哪几部分组成？
4. 中国内地法律倾向于哪种法系？

☞知识园地

汉字"法"的意义

汉字"法"在西周金文中写作"灋"，与其他汉字一样，是一个绝妙的意象丰富的象形文字。汉代许慎《说文解字》说："灋，刑也。平之如水，故从水；廌所以触不直者去之，从去。"灋由三部分组成：氵、廌、去。氵，平坦之如水，比喻法像水一样平，意为"公平、公正"。廌(音zhì)，神兽。《说文解字》说："解廌，兽也。似山羊一角。古者决讼，令触不直。象形从豸者。凡廌之属，皆从廌。"廌为图腾动物，一角之圣兽，代表正直、正义、公正，或说是正义之神，具有审判功能，能帮人分清是非曲直、对错。去，即对不公正行为的惩罚，把人从原来的部落、氏族中驱逐出去。由此可知：(1)法是一种判断是非曲直、惩治邪恶的规范，是正义的、公平的。(2)法律是一种活动，是当人们的行为不端、不公正时，由圣兽行使处罚的惩罚活动。(3)法律的产生、实施离不开廌这一圣兽，它是社会权威力量的代名词，没有圣兽作为切实保障机制，法律就没有神圣性，从而无法发挥出它的功能、威力。

在古代文献中，称法为刑，法与刑通用。如夏朝之禹刑、商朝之汤刑、周朝之吕刑，春秋战国时期之刑书、刑鼎、竹刑。魏相李悝集诸国刑典，造《法经》六篇，改刑为法。"刑，常也，法也。""法，刑也。"这里的刑，含有模范、秩序之意。因此，以刑释法，表明模范遵守法律(秩序)。刑，又指刑罚。《盐铁论》："法者，刑罚也，所以禁暴止奸也。"

古代中国法又往往与律通用，"律之与法，文虽有殊，其义一也"(《唐律疏义》)。据史籍记载，商鞅变法，改法为律。从此"律"字被广泛使用，其使用频率高于法。中国古代法典大多称为律，如秦律、汉律、魏律、晋律、隋律、唐律、明律、清律，只有宋代称刑统，元朝称典章。总的说来，古代汉语中的法的含义是复杂多样的，其中最为主要的意义是：(1)法象征着公正、正直、普遍、统一，是一种规范、规则、常规、模范、秩序。(2)法具有公平的意义，是公平断讼的标准和基础。(3)法是刑，是惩罚性的，是以刑罚为后盾的。

(选自吴汉东主编《法学通论》(第六版)，北京大学出版社，2012年)

第二课　小明与宪法的故事

☞课文精读

宪法是国家的根本大法，规定了国家制度和社会制度的基本问题，是民主制度的法律化，是统治阶级利益的集中体现，是公民权利的保障书。宪法与普通法律最明显的区别是它的根本性，即它不是关于某一问题或某一方面的法律，而是关于国家生活和社会生活中最基本问题的法律，调整的是最基本的社会关系，如国家与公民的关系、国家机关之间的关系等。

在日常生活中，我们常常听说民法、商法、婚姻法、刑法、义务教育法、知识产权法等普通法律以及相关案例，而对于宪法，却感觉有些陌生，仿佛和我们关系不大。其实，从出生开始，宪法就一直默默保护着我们，看完小明和宪法的故事你就知道啦。

0 岁：小明一出生就受到宪法保护

30 年前，小明还是一个婴儿，不过他已经是一个独立的个体，是具有独立人格权的"人"。这一刻起，小明已经开始受到宪法保护啦！小明和其他人一样有了继承遗产的权利，他的爸妈有义务保护他、抚养他，不能虐待他、遗弃他。

宪法这么说：

第二章　第三十三条　凡具有中华人民共和国国籍的人都是中华人民共和国公民。中华人民共和国公民在法律面前一律平等。国家尊重和保障人权。

6 岁：小明上学了

6 岁那年，小明上小学了。第一节课老师就教他们唱国歌，小明也知道了祖国的首都是北京，盼望有一天去看看天安门。当时他并不知道，上学、首都、国徽、国歌都是宪法规定的内容。

宪法这么说：

第二章　第四十六条　中华人民共和国公民有受教育的权利和义务。

第四章　第一百三十六条　中华人民共和国国旗是五星红旗。中华人民共和国国歌是《义勇军进行曲》。

第一百三十七条　中华人民共和国国徽，中间是五星照耀下的天安门，周围是谷穗和齿轮。

第一百三十八条　中华人民共和国首都是北京。

18 岁：成年了，一切要靠自己啦

这一年，小明考上了大学，来到了从小就想去旅行的北京。除了独立生活的新鲜感，小明还行使了自己的选举权和被选举权，第一次体会到宪法的存在感。与此同时，小明感受到要为自己的行为负责了，而且，即便是刚刚进入大学还没有稳定收入，父母也可以不再抚养小明了。

宪法这么说：

第二章 第三十四条 中华人民共和国年满十八周岁的公民，不分民族、种族、性别、职业、家庭出身、宗教信仰、教育程度、财产状况、居住期限，都有选举权和被选举权；但是依照法律被剥夺政治权利的人除外。

第四十九条 父母有抚养教育未成年子女的义务，成年子女有赡养扶助父母的义务。

20 岁：睡在我上铺的兄弟参军了

这一年，睡在小明上铺的兄弟填写了应征入伍的申请，光荣入伍了，学校会为他保留两年的学籍。

宪法这么说：

第二章 第五十五条 保卫祖国、抵抗侵略是中华人民共和国每一个公民的神圣职责。依照法律服兵役和参加民兵组织是中华人民共和国公民的光荣义务。

22 岁：大学毕业，参加工作

小明大学毕业了，找工作成了头等大事。在招聘会上，小明得到了一份北京某新闻单位编辑的工作。曾经的"熊孩子"小明，如今也要自己独立工作了。

宪法这么说：

第二章 第四十二条 中华人民共和国公民有劳动的权利和义务。

23 岁：第一次休年假，并遇上了她

新员工小明努力地工作着，一年后，小明可以享受带薪年假了，他兴奋地开始了前往云南的旅程，并在那里遇上了心爱的她。

宪法这么说：

第二章 第四十三条 中华人民共和国劳动者有休息的权利。国家发展劳动者休息和休养的设施，规定职工的工作时间和休假制度。

26 岁：小明开始了幸福的婚姻生活

相处几年后，小明和女朋友结婚了，从此开始了幸福的生活。两年后，他们有了"小小明"，小明成了家里的顶梁柱，也更懂得孝顺父母。

宪法这么说：

第二章 第四十九条 婚姻、家庭、母亲和儿童受国家的保护。夫妻双方有实行计划生育的义务。父母有抚养教育未成年子女的义务，成年子女有赡养扶助父母的义务。禁止

破坏婚姻自由，禁止虐待老人、妇女和儿童。

29 岁：小明贷款买了房

去年小明干了一件大事儿，在和老婆商量后贷款购买了一套 60 平米的新房。虽然很辛苦，但是生活多了一份保障，多了一份踏实感。

宪法这么说：

总纲　第十三条　公民的合法的私有财产不受侵犯。

第三十九条　中华人民共和国公民的住宅不受侵犯。

30 岁：小明爸妈退休了

今年，小明 30 岁了，有了自己的房子，看着孩子一天天长大，小明每天都非常开心。7 月份，爸爸妈妈退休了，他们来到北京带孙子，一家人幸福地生活在一起，小明感叹：原来这就是天伦之乐！

宪法这么说：

第二章　第四十四条　国家依照法律规定实行企业事业组织的职工和国家机关工作人员的退休制度。退休人员的生活受到国家和社会的保障。

看完小明与宪法的故事，是不是对宪法有了一些新的认识呢？原来，宪法并不是神秘而陌生的，而是与我们的生活息息相关、密不可分的。中国把每年的 12 月 4 日设立为"国家宪法日"，在这一天会围绕宪法举办许多活动，就是为了让人们能更好地了解宪法、读懂宪法，让宪法逐步走进人们的日常生活。

（选自 http://news.jcrb.com/jxsw/201812/t20181204_1936489.html，作者：刘帆，张东魁，2018 年 12 月 4 日）

☞生词学习

1. 宪法	xiànfǎ	名	constitution
2. 根本	gēnběn	形	fundamental
3. 民主	mínzhǔ	名	democracy
4. 规定	guīdìng	动/名	stipulate；rule
5. 统治阶级	tǒngzhìjiējí	名	the ruling class
6. 利益	lìyì	名	benefit；profit
7. 体现	tǐxiàn	动	embody；reflect
8. 公民	gōngmín	名	citizen
9. 权利	quánlì	名	right
10. 保障	bǎozhàng	动	guarantee
11. 机关	jīguān	名	institution
12. 相关	xiāngguān	形	relevant；related
13. 独立	dúlì	形	independent
14. 人格权	réngéquán	名	right of personality

15.	遗产	yíchǎn	名	heritage
16.	义务	yìwù	名	obligation；duty
17.	抚养	fǔyǎng	动	bring up；raise
18.	虐待	nüèdài	动	abuse
19.	遗弃	yíqì	动	abandon
20.	具有	jùyǒu	动	possess；have
21.	国籍	guójí	名	nationality
22.	一律	yílǜ	副/形	uniform；without exception
23.	人权	rénquán	名	human rights
24.	国徽	guóhuī	名	national emblem
25.	行使	xíngshǐ	动	perform；exert
26.	选举权	xuǎnjǔquán	名	the right to vote
27.	即便	jíbiàn	连	even if
28.	宗教	zōngjiào	名	religion
29.	剥夺	bōduó	动	deprive
30.	未成年	wèichéngnián	名	under age
31.	赡养	shànyǎng	动	support；provide for
32.	入伍	rùwǔ	动	join the army
33.	光荣	guāngróng	名/形	honour
34.	侵略	qīnlüè	动	invade
35.	神圣	shénshèng	形	sacred；holy
36.	兵役	bīngyì	名	military service
37.	招聘	zhāopìn	动	recruit and employ
38.	某	mǒu	代	some；certain
39.	编辑	biānjí	名	editor
40.	休假	xiūjià	动	take a vacation
41.	孝顺	xiàoshùn	动	filial piety
42.	计划生育	jìhuàshēngyù		family planning；birth control
43.	禁止	jìnzhǐ	动	forbid；prohibit
44.	商量	shāngliang	动	consult；discuss；talk over
45.	贷款	dàikuǎn	动	loan
46.	合法	héfǎ	形	legal
47.	财产	cáichǎn	名	property
48.	侵犯	qīnfàn	动	violate；invade
49.	退休	tuìxiū	动	retire
50.	天伦之乐	tiānlúnzhīlè		the happiness of a family union
51.	神秘	shénmì	形	mysterious
52.	息息相关	xīxīxiāngguān		be closely bound up

☞**语法训练**

1. X 感：新鲜感、存在感、踏实感

　　X 族：民族、种族

语素"感"出现在形容词、动词后，表示和这个形容词、动词相关的感觉；语素"族"表示有共同属性的一类人或事物。

◆ 训练：理解下列词语，并填空。

新鲜感、存在感、幸福感、民族、种族、地铁族

(1)小李一家人开开心心地生活在一起，充满了_____。

(2)小张不爱说话，成绩也不好，因此在班级里没有_____。

(3)黄鹤楼我去了很多次了，已经没有_____了。

(4)他是_____，每天出门都喜欢坐地铁。

(5)中国有五十六个_____。

(6)我们要一起努力，反对_____歧视(racial discrimination)。

2. 它不是关于某一问题或某一方面的法律，而是关于国家生活和社会生活中最基本问题的法律。

"不是……而是……"句式是法律文本中的常用句式，属于并列复句，先否定一种情况，再肯定另一种情况，例如：

①他不是韩国人，而是日本人。

②宪法不是一种宣言性的文件，而是法律中的一种，具有法律的属性。

③死缓不是独立的刑种，而是死刑的一种执行方式。

◆ 训练：用"不是……而是……"完成句子。

(1)在某些特定情况下，降价销售并_____为了排挤竞争对手，_____符合客观经济规律的行为，是合法的。

(2)在这种政府形式中，权力_____属于某一个人或某一部分人，_____属于每一个人。

(3)我国社会主义初级阶段的民主还是不完善的，但它_____静止不变的，_____在不断地发展。

(4)他不是我的哥哥，_____。

(5)武汉最美的季节_____，而是秋天。

3. 凡具有中华人民共和国国籍的人都是中华人民共和国公民。

"凡/凡是……都/均……"句式是立法语言中常用句式，属于充分条件复句，表明满足某个条件，就能实现某种结果。例如：

①凡不以权利为前提的义务都是不合理的、不公正的。

②凡是年满18周岁的中国公民，不分民族、种族、性别、职业、家庭出身、宗教信仰、教育程度、财产状况和居住期限，都有选举权和被选举权。

③凡在中华人民共和国领域内犯罪的，除法律有特别规定的以外，都适用本法。

④凡决定再审的案件，人民法院均应作出裁定，中止原判决的执行。

◆ 训练：用"凡/凡是……都……"完成句子。

(1)我国刑法分则条文中_____规定了法定刑的，_____规定了有期徒刑。

(2)_____知道案件情况的人，_____有作证的义务。

(3)_____在上课的时候，_____不能吃东西。

(4)_____，都不用付快递费。

(5)凡是没通过 HSK 四级的学生，_____。

4. 除了独立生活的新鲜感，小明还<u>行使</u>了自己的选举权和被选举权，第一次体会到宪法的存在感。

"行使"的意思是"执行、使用"，"行使……权利/权力/权"是法律语言中常见的格式。例如：

①总统行使了他的否决权。

②故宫博物院行使"优先购买权"，以 2200 万元人民币的价格购得了《出师颂》。

③国家由人民组成，主权当然归属全体人民，但是人民太分散，没办法行使"国家主权"，于是委托给人民授权成立的政府去行使。

◆ 训练：用"行使"完成句子。

(1)股东们通常能依据其持有的股份投票_____公司内部的权力。

(2)人民代表制的主要特征是由选民选举代表组成_____国家权力的人民代表机关。

(3)我国宪法规定，人民_____国家权力的机关是全国人民代表大会和地方各级人民代表大会。

5. 中华人民共和国年满十八周岁的公民，不分民族、种族、性别、职业、家庭出身、宗教信仰、教育程度、财产状况、居住期限，都有选举权和被选举权；<u>但是</u>依照法律被剥夺政治权利的人除外。

规范性法律文件中常以转折词"但"、"但是"引出例外情况和附加条件，于是形成了一种特别的法律语言格式"但书"。例如：

①本法总则适用于其他有刑罚规定的法律，但是其他法律有特别规定的除外。

②基层人民法院管辖第一审普通刑事案件，但是依照本法由上级人民法院管辖的除外。

③人民法院受理破产案件后，债务人对部分债权人的清偿无效，但是债务人正常生产经营所必需的除外。

◆ 训练：利用网络查找中国法律文本，并检索摘抄三条"但书"。

(1)_____

(2)_____

(3)_____

6. 即便是刚刚进入大学还没有稳定收入，父母也可以不再抚养小明了。

"即便/即使……也……"句式是让步复句，先肯定一种情况，然后指出后续某事的成立不受这种情况的影响。例如：

①你和他即便是最好的朋友，也应该保持适当的距离。

②他学习很努力，即便是周末，也不出去玩。

③即使夏天再热，我也不喜欢开空调。

◆ 训练：用"即便/即使……也……"完成句子。

(1)这件衣服_____再便宜，我_____不会买。

(2)他很喜欢运动，_____，也要跑步。

(3)_____请最好的医生，_____。

7. <u>禁止</u>破坏婚姻自由，<u>禁止</u>虐待老人、妇女和儿童。

在立法语言中，违法行为前加上"禁止、严禁、不得、不能"等词语表示严格制止的意义，禁止法律主体作出某种行为。例如：

①禁止非法拘禁和以其他方法非法剥夺或者限制公民的人身自由，禁止非法搜查公民的身体。

②禁止非法搜查或者非法侵入公民的住宅。

③在收集犯罪嫌疑人、被告人的供述与辩解的时候，严禁刑讯逼供和以威胁、引诱、欺骗以及其他非法方法收集证据。

④《刑事诉讼法》第50条规定，不得强迫任何人证实自己有罪。

⑤《收养法》规定被收养人一般应为未成年人，且应在14周岁以下，应无精神病或其他严重疾病，而且独生子女不能被收养。

◆ 训练：用"禁止、严禁、不能、不得"等词语完成句子。

(1)这是女生宿舍，男生_____入内。

(2)加油站_____吸烟。

(3)未通过 HSK 四级考试的留学生，_____。

☞ 课后练习

一、理解下面含有语素"感"的词语的意思，选择合适的词语填空。

神秘感、自豪感、责任感、安全感、孤独感

(1)作为中国人，一登上长城就有一种_____。

(2)他是一个有_____的老师，耐心帮助每一个学生。

(3)这个女人既漂亮又安静，给人一种_____。

(4)买一套属于自己的房子，能够给人一种_____。

(5)我一个人去国外留学，常常有一种_____。

二、理解下面含有语素"族"的词语的意思，选择合适的词语填空。

汉族、手机族、啃老族、月光族、追星族

(1)随着智能手机的普及，大多数人都成了_____。

(2)一些年轻人不愿意工作，所以成了_____，每个月都找父母要钱。

(3)中国人口最多的民族是_____。

(4)年轻的时候，她是一个_____，常常去听明星的演唱会。

(5)现在的年轻人不愿意省钱，所以每个月都成了_____。

三、复习本课生词，选择合适的词语填空。

宪法、禁止、规定、利益、公民、保障

(1)考试的时候，_____使用手机。

(2)_____是国家的根本法，适用于国家全体公民。

(3)每个_____都享有受教育权。

(4)这个公司_____：每天早上 8:00 上班，下午 5:00 下班。

(5)科学的运动和健康的食物能够_____我们的健康。

(6)先进的科技给苹果公司带来了巨大的_____。

机关、相关、独立、遗产、虐待、遗弃

(1)18 岁以后，他一个人在国外_____生活。

(2)爷爷去世的时候给他留下了大量_____。

(3)天气变化和人们的心情具有_____性。

(4)很多年轻人都喜欢去政府_____工作，因为收入很稳定。

(5)用完的电池不能随意_____。

(6)禁止_____小动物。

具有、国籍、一律、人权、义务、选举权

(1)由于最近气温太高，广州市所有的学校_____停课。

(2)中国认为，生存权和发展权是最重要的_____。

(3)计算机对我们的生活_____重要作用。

(4)中国不承认双重_____。

(5)_____是公民的基本权利之一。

(6)抚养、教育未成年子女是父母的_____。

即便、抚养、剥夺、未成年、合法、退休

(1)过多的课后作业_____了小学生玩耍的时间。

(2)她独自_____了三个孩子。

(3)国家保护公民的_____财产。

(4)_____以后，老李去了许多国家旅行。

(5)_____晚上不睡觉，他也要看球赛。

(6)国家依法保障_____人的受教育权。

四、用括号里的词语完成句子。

(1)根据_____，他应当被判处有期徒刑 7 年。（规定）

(2)为预防火灾，加油站_____。（禁止）

(3)_____，他也要坚持跑步。（即便）

(4)_____，不要一个人做决定。（商量）

(5)这位老人去世后，_____。（遗产）

五、用下面的词语造句。

(1)规定：

(2)民主：

(3)利益：

(4)保障：

(5)相关：

(6)独立：

(7)即便：

(8)剥夺：

(9)禁止：

(10)合法：

六、根据课文内容，回答问题。

(1)宪法和普通法律最明显区别是什么？

(2)根据宪法，什么人没有选举权和被选举权？

(3)根据宪法，父母有哪些义务？成年子女有哪些义务？

☞**拓展阅读**

宪法即生活　生活即宪法

1982年12月4日，第五届全国人民代表大会第五次会议通过了现行宪法。2014年11月1日，第十二届全国人大常委会第十一次会议决定将12月4日设立为"国家宪法日"。

宪法通常被认为是治国安邦的总章程，因为它规定了国家的根本制度、根本任务、基本国策、国家机构组织和活动的基本原则，而同时，宪法也被视为是公民权利的宣言书和保障书，它对于公民的基本权利和义务做出了全面而完整的规定。因此，宪法对于一个国家的意义不仅在于通过宪法的实施让国家的政治生活进入有序的状态，还在于让每一个公民的基本权利通过宪法的实施得到有效的保障。

1982年通过的现行宪法在我国已经实施了三十多年，这不仅创造了我国近代以来宪法实施的纪录，也在很大程度上改变了我们对于宪法的理解和认识。这些年来，我国宪法在实施过程中历经多次重大修改，从"私有经济"入宪到"社会主义市场经济"入宪，再到后来"非公有制经济"的表述被写入宪法，从"国营经济"到"国有经济"的修改，从"坚持改革开放""多党合作和政治协商制度"入宪到"政治文明"入宪，从"土地的使用权可以依照法律的规定转让"入宪到"依照法律规定对土地实行征收或者征用并给予补偿"入宪，从"依法治国，建设社会主义法治国家"入宪到"国家尊重和保障人权"入宪，还有"公民的合法的私有财产不受侵犯""国家建立健全同经济发展水平相适应的社会保障制度"也被写入宪法……国家制度层面的完善与中国社会的转型投射在宪法文本上，宪法文本的变迁也为国家的发展提供了基础性的制度支撑。

而今，现行宪法的诞生纪念日被设定为"国家宪法日"，必将推动我国宪法实施方式发生重大的改变，人们对于宪法的认识也必将随之而得以拓展和深化。宪法将全方位地走入人民丰富多彩的生活，通过实实在在的实施让老百姓在平常的日子里体验到宪法对于公民基本权利的保障，对于人民追求幸福生活的回应。宪法应该与国家政治生活和社会生活形成互动，宪法可以一点一滴地改变每一个公民的生活，而每一个公民对于社会现实的判断和对于未来的期盼也能够在宪法实践中得到体现。

宪法走入人民的生活，人民也就获得了个人和社会发展的主导权，而宪法调整下的社会生活又会让宪法精神广泛地传播。在这个良性的互动过程中，国家和公民之间逐渐形成一种新的平衡关系，国家制度可以得到不断完善和发展，一个现代的国家大厦能够日渐建构成型，而宪法的精神也会深深地融入社会生活的各个方面，公民的宪法观念能够进一步得到强化，社会整体的宪法意识也会有显著提升，宪法这张"写着人民权利的纸"也就真正地成为公民权利的保障书。

（选自《宪法时间》，中国民主法制出版社，2018 年，作者：李晓兵）

◎思考：

1. 今年的 12 月 4 日是中国第几个宪法日？
2. 宪法对于一个国家的意义是什么？
3. 1982 年以来，中国宪法在实施过程中历经了哪些重大修改，请举例说明。

☞知识园地

宪法与普通法律的区别

作为国家的根本法，宪法既具有一切法律的共同特点，又具有与一般法律不同的特征，主要是：

1. 内容不同。宪法作为一个国家的根本法，它确立了一个国家的根本制度，主要涉及国体、政体、国家结构形式、公民的基本权利和基本义务、国家机关与公民之间的关系等。法律、法规在内容上也涉及宪法所规定的各个方面的国家事务和社会事务，但是，法律、法规必须以宪法有关规定为基础，不得与宪法规定相抵触。

2. 效力不同。中国现行宪法第五条第二款规定："一切法律、行政法规和地方性法规都不得同宪法相抵触。"宪法作为根本法具有最高的法律效力，它的最高法律效力表现在任何法律、法规必须基于宪法而产生。法律、法规的内容应当符合宪法的要求，当法律、法规的内容与宪法的规定相抵触时，为了维护宪法作为根本法的权威性，应当宣布有问题的法律、法规违宪。

3. 创制程序不同。宪法创制一般需要经过特殊的程序。从制定宪法的过程来看，宪法制定者应当是属于一个国家统治阶级的人民，任何国家机关或者个人都无权制定宪法。如中国现行宪法第六十四条规定："宪法的修改，由全国人民代表大会常务委员会或者五分之一以上的全国人民代表大会代表提议，并由全国人民代表大会以全体代表的三分之二以上的多数通过。"法律、法规的创制程序相对于宪法的创制程序而言就比较简单，一般由宪法和法律所规定的专门立法机关或者享有立法职权的国家机关、立法机关制定，而且在制定时享有较大程度的立法自由裁量权。

4. 监督、调控的方式和手段不同。作为根本法的宪法一般由宪法制定者直接来监督实施。在具体监督实施宪法的实践中，宪法往往将监督宪法实施的权力授予最高国家权力机关或者是专门的国家权力机关。因此，在宪法实施的实践中，为了保障宪法监督的权威性和有效性，只有宪法明确授予享有宪法监督权的国家机关或者是特定的主体才有权监督宪法的实施。其他的非授权主体只能在履行自身职责的过程中承担保障宪法实施的义务，而不能代替宪法制定者来行使监督宪法实施的权力。

第三课　中国首例就业性别歧视胜诉案

☞课文精读

　　2014 年 6 月，河南姑娘郭晶从某高校社会工作专业毕业后，来到浙江省杭州市想找一份文案工作。她从一个招聘网上了解到，杭州市西湖区××烹饪职业技能培训学校招聘两名文案策划。她马上把简历投了过去，等着对方的面试信息。然而左等右等，郭晶也没有等到回复，于是她给对方打了电话。该学校的工作人员答复她说："我们的招聘信息上写了文案职位仅招男性，你不符合这项要求，所以我们不能录用你。"挂上电话，郭晶马上打开电脑，找到那则招聘信息，发现对方在岗位要求那一栏上确实标注了"限男性"。郭晶的心里很难受，难道仅仅因为性别的原因，她就要被排除在喜爱的职位之外？

　　不久之后，郭晶又在另一个招聘网站上看到了××烹饪职业技能培训学校招聘文案的信息，这一次没有标注仅限男性。郭晶很兴奋，她以为终于有了机会，马上再次投出简历。然而，这封简历却和第一次的情况一样，依旧石沉大海。

　　郭晶打算再试一次。她带着自己的简历，亲自去了这个培训学校，找到了负责招聘的工作人员，表达了自己想要应聘文案岗位的意愿。然而工作人员并没有收下她的简历，而是拒绝了她："我们招聘的文案岗位需要经常陪同校长去外地出差，学校的校长都是男的，如果你们一起出差，就要开两间房，成本太高了，所以仅招男性。"

　　连续几次被拒绝，让刚刚走出校门的郭晶感到非常沮丧。是就这么算了，再找其他工作？还是维权到底，坚决维护自身的利益？在朋友的介绍下，郭晶认识了江苏××律师事务所的许×律师。许律师告诉郭晶，××烹饪职业技能培训学校的行为违反了《劳动法》《妇女权益保障法》和《中华人民共和国就业促进法》，可以向法院提起诉讼。

　　郭晶向杭州市西湖区人民法院寄出了一份诉状，但她不知道法院会不会受理自己的案子，也不知道要等待多久才会有结果。

　　2014 年 8 月 12 日，郭晶接到了来自杭州市西湖区人民法院的电话，通知她可以立案。挂了电话之后，郭晶十分激动。2014 年 9 月 10 日，杭州市西湖区人民法院公开开庭审理了这起案件。

　　开庭后，郭晶详细地讲述了自己求职被拒的经历，并提交了充分的证据。许律师提出，文案职位并非只有男性才可以胜任，《中华人民共和国就业促进法》规定劳动者依法享有平等就业的权利，劳动者就业不因民族、种族、性别、宗教信仰等不同而受歧视。××烹饪职业技能培训学校的行为构成就业歧视，侵犯了郭晶的平等就业权、人格尊严权，请求判决该学校书面道歉，并赔偿郭晶精神损害抚慰金 5 万元。

××烹饪职业技能培训学校在答辩中认为郭晶所应聘的文案岗位具有特殊性，根据学校的出差管理制度，为节约单位成本，两人以上出差住宿的，必须同住一个标准间，否则超出部分不予报销。学校的校长均为男性，根据男女有别原则和单位制度规定，学校才会限招男性，这一行为不仅不是歧视女性，反而是对女性的关爱和照顾。然而该学校的辩解并未被法官采纳。

2014 年 11 月 12 日，杭州市西湖区人民法院经审理认为，根据我国相关法律规定，劳动者享有平等就业的权利，劳动者就业不因性别等情况不同而受歧视，国家保障妇女享有与男子平等的劳动权利。用人单位招用人员，除国家规定的不适合妇女的工种或者岗位外，不得以性别为由拒绝录用妇女或者提高对妇女的录用条件。本案中被告招聘的岗位为文案策划，被告并未证明该岗位属于法律、法规所规定的女职工禁忌从事的工作，根据其发布的招聘要求，女性完全可以胜任该岗位工作。在此情况下被告以原告为女性为由拒绝原告应聘，其行为侵犯了原告平等就业的权利，对原告实施了就业歧视，给原告造成了一定的精神损害，故原告要求被告赔偿精神损害抚慰金的理由充分，判决杭州市西湖区××烹饪职业技能培训学校赔偿郭晶精神损害抚慰金 2000 元，驳回原告要求被告书面道歉的诉讼请求。

这起案件是继 2013 年被称为"中国就业性别歧视第一案"的"曹菊案"后首个公开报道的就业性别歧视案判例，也是我国首例就业性别歧视胜诉案，此案的判决结果引发了社会的强烈关注。郭晶胜诉的案例，将女性维护平等就业权的抗争又推进了一步。

（选自《用人单位限招男性，女大学生怒讨说法》，《职工法律天地》2015 年第 5 期，作者：丁丁）

☞ 生词学习

1. 文案	wén'àn	名	copywriting；paperwork
2. 烹饪	pēngrèn	动	cook
3. 策划	cèhuà	动	design；plan
4. 简历	jiǎnlì	名	resume
5. 录用	lùyòng	动	employ
6. 标注	biāozhù	动	mark
7. 排除	páichú	动	exclude
8. 石沉大海	shíchéndàhǎi		like a stone dropped into the sea；no echo
9. 应聘	yìngpìn	动	apply
10. 意愿	yìyuàn	名	wish；desire；aspiration
11. 出差	chūchāi	动	be away on official business
12. 拒绝	jùjué	动	refuse；reject
13. 沮丧	jǔsàng	形	dispirited；depressed
14. 维权	wéiquán	动	safeguard legitimate rights and interests
15. 权益	quányì	名	rights and interests
16. 诉状	sùzhuàng	名	plaint

17.	立案	lì'àn	动	place a case on file (for investigation and prosecution)
18.	开庭	kāitíng	动	open a court session
19.	胜任	shèngrèn	动	be competent (to a job)
20.	享有	xiǎngyǒu	动	enjoy (rights, prestige, etc)
21.	歧视	qíshì	动	discriminate
22.	赔偿	péicháng	动	compensate for
23.	抚慰金	fǔwèijīn	名	consolation money
24.	答辩	dábiàn	动	defence
25.	住宿	zhùsù	动	get accommodation
26.	报销	bàoxiāo	动	apply for reimbursement
27.	采纳	cǎinà	动	adopt
28.	禁忌	jìnjì	动	avoid
29.	驳回	bóhuí	动	reject
30.	胜诉	shèngsù	动	win a lawsuit
31.	关注	guānzhù	动	concern
32.	抗争	kàngzhēng	动	struggle; resist

☞**语法训练**

1.《中华人民共和国就业促进法》规定劳动者依法享有平等就业的权利。

"享有"是法律语言中"赋予权利"的核心词语，意思是"在社会上取得(权利、声誉、威望等)"，法律语言中"享有"后常常出现"……权/权利"。例如：

①教师享有法律规定的权利，履行法律规定的义务。

②妇女与男子享有平等权利，不得侵害妇女的合法权益。

③为维护未成年子女的权益，父母对未成年子女的财产享有保存与管理的权利。

④商标注册人享有商标专用权，受法律的保护。

◆ 训练：上网查找《中华人民共和国宪法》，并用"享有"完成句子。

(1)根据中国宪法，公民＿＿＿＿＿＿＿＿权。

(2)根据中国宪法，公民＿＿＿＿＿＿＿＿权。

(3)根据中国宪法，公民＿＿＿＿＿＿＿＿权。

2. 劳动者就业不因民族、种族、性别、宗教信仰等不同而受歧视。

"因……而……"是表示因果关系的紧缩复句格式。立法语言力求简洁，因此常使用紧缩复句，而且紧缩复句的关联词也常使用简洁的单音节形式，例如：

①养子女与生父母以及其他近亲属间的权利义务关系，因收养关系的成立而消除。

②子女对父母的赡养义务，不因父母的婚姻关系变化而终止。

③父母与子女间的关系，不因父母离婚而消除。

◆ 训练：用"因……而……"完成句子。

(1)＿＿＿＿＿＿＿＿＿＿＿＿而获得奖学金。

(2) ＿＿＿＿＿＿＿＿＿＿＿＿而离婚。

(3) 张三因盗窃罪而＿＿＿＿＿＿＿＿＿＿＿。

(4) 李四因病＿＿＿＿＿＿＿＿＿＿＿。

3. 这一行为**不仅不**是歧视女性，**反而**是对女性的关爱和照顾。

"不仅不(没)……反而……"是反转性递进复句，该复句中的两个分句之间既有递进关系，又有转折关系。例如：

①他不仅不生气，反而很高兴。

②深夜，张三不仅不睡觉，反而开始了工作。

③疫情期间，这家公司不仅没破产，反而发展得更好了。

◆ 训练：用"不仅不(没)……反而……"完成句子。

(1) 李四不仅没哭，＿＿＿＿＿＿＿＿＿＿＿。

(2) 今天不仅不热，＿＿＿＿＿＿＿＿＿＿＿。

(3) 张三不仅没生病，＿＿＿＿＿＿＿＿＿＿＿。

4. 用人单位招用人员，**除**国家规定的不适合妇女的工种或者岗位**外**，不得以性别为由拒绝录用妇女或者提高对妇女的录用条件。

"除……外"表示把某种情况排除在外，是立法语言中常用的句式。例如：

①合伙人就合伙事务作出决定的，除合伙合同另有约定外，应当经全体合伙人一致同意。

②因解除合同造成对方损失的，除不可归责于肖像权人的事由外，应当赔偿损失。

③融资租赁合同的租金，除当事人另有约定外，应当根据购买租赁物的大部分或者全部成本以及出租人的合理利润确定。

④除法律另有规定或者当事人另有约定外，债权人可以请求债务人以实际履行地的法定货币履行。

◆ 训练：用"除……外"完成句子。

(1) 今天的会议，除＿＿＿＿＿＿＿＿＿＿＿，其他人都来了。

(2) 除＿＿＿＿＿＿＿＿＿＿＿，其他的书我都看过了。

(3) 除＿＿＿＿＿＿＿＿＿＿＿，张三几乎去了中国所有的省份。

☞**课后练习**

一、复习本课生词，选择合适的词语填空。

开庭、策划、简历、录用、标注、石沉大海

(1) 请在地图上把北京市＿＿＿＿＿出来。

(2) 我给他发了很多封邮件，但是都＿＿＿＿＿。

(3) 一份制作精美的＿＿＿＿＿有助于找到好工作。

(4) 这个公司的市场部＿＿＿＿＿了这个销售方案。

(5) 法院将于明天＿＿＿＿＿审理这起案件。

(6) 经过漫长的面试程序，他终于被这个公司＿＿＿＿＿了。

应聘、意愿、出差、拒绝、沮丧、维权

(1)关于工作岗位的选择,你有什么_____呢?

(2)从明天起,我将去北京_____一个月。

(3)这个大学_____了张三的申请。

(4)他复习了几个月,但还是没通过这个考试,感觉很_____。

(5)你应该通过法律手段来_____,保护自己的合法权益。

(6)毕业后,你想去什么公司_____呢?

胜任、享有、歧视、侵犯、赔偿、抚慰金

(1)性别_____,是一个非常普遍的社会现象。

(2)损坏公物要照价_____。

(3)所谓受教育权,是指公民_____从国家接受文化教育的机会和获得受教育的物质帮助的权利。

(4)庭审结束后不久,这个老人获得了一大笔精神损害_____。

(5)这项艰巨的工作很少有人能够_____。

(6)张三的行为_____了他人的合法权益。

答辩、采纳、驳回、胜诉、关注、抗争

(1)法院依法_____了他的上诉请求。

(2)小王十分_____环境保护问题。

(3)为了建立"八小时工作制",工人阶级与资产阶级进行了长期的_____。

(4)经过漫长的审理程序,法院判张三_____。

(5)如果要获得硕士学位,必须通过硕士论文_____。

(6)这家工厂老板_____了工人的建议,提高了生产效率。

二、用括号里的词语完成句子。

(1)法官_____。(驳回)

(2)每个公民_____。(享有)

(3)这个公司_____。(招聘)

(4)他弄丢了刚买的手机,_____。(沮丧)

(5)张三通过了_____。(答辩)

三、改错句。

(1)张三因故意杀人罪所以被判处死刑。

_____

(2)他不仅被退学,反而获得了奖学金。

_____

(3)没参加考试的同学,大家都通过了考试。

_____

四、用下面的词语造句。

(1)招聘:

(2)录用:

(3)维权：

(4)石沉大海：

(5)报销：

(6)歧视：

(7)侵犯：

(8)胜任：

(9)出差：

(10)享有：

五、根据课文内容，回答问题。

(1)河南姑娘郭晶想找一份什么样的工作？

(2)郭晶的求职意愿被××烹饪职业技能培训学校拒绝了几次？理由分别是什么？

(3)在法庭上，法官为什么没有采纳××烹饪职业技能培训学校的辩解？

(4)关于此案，法院最终的判决如何？

☞拓展阅读

云南省首例政府控告辍学案

2017 年 11 月 24 日，云南首例因辍学引发的"官告民"案件，在该省怒江州兰坪白族普米族自治县啦井镇新建村公开审理。据了解，为依法维护适龄儿童少年享受义务教育权益，该县啦井镇人民政府将 5 户学生的家长告上法庭，要求依法判令学生家长立即送子女入学接受并完成义务教育。

今年 3 月，兰坪县啦井镇新建村和某某等 5 名学生辍学回家，其家长不认真履行义务教育法律责任，经啦井镇政府工作人员和学校老师反复做工作后，仍然没有送辍学子女返校就读。11 月 3 日，啦井镇政府向兰坪县人民法院依法提起诉讼。法院立案后，对被起诉的学生家长进行了走访调查，认为和某某等 5 名被告家长作为法定监护人，没有履行法定义务，以各种理由放任本应接受义务教育的子女辍学，违反了法律规定。

原告怒江州兰坪县啦井镇人民政府认为，依据《中华人民共和国义务教育法》相关规定，现年 15 岁的被告女儿和某某属适龄少年，应依法在校接受义务教育，但经原告方多次对被告进行敦促、动员、批评、教育，被告方始终拒绝履行将其女儿送达学校接受义务教育的义务。在庭审现场，法庭针对每个被告家长及其子女的实际情况，对原、被告双方进行调解。双方当场就学生返校时限、共同劝导事宜等达成共识，法庭当场下达调解书。经过庭审，家长认识到了"不让孩子上学是违法的"，纷纷表示，今后要好好教育孩子，尽力给孩子创造良好的学习环境。

据介绍，兰坪县是云南 27 个深度贫困县之一，通过发展教育阻断贫困代际传递成为近年脱贫攻坚的关键举措。在国家和云南省的大力支持下，当地政府千方百计补短板，学前教育、义务教育和高中阶段教育的所有孩子均能享受免除学杂费、补助生活费、资助等教育惠民政策。然而，受多种因素影响，兰坪县适龄儿童少年的辍学率仍然居高不下。

为使每一个孩子都能享受并完成义务教育，兰坪县各级政府部门积极探索，联动教育、公安、法院、司法、社保等部门，依据义务教育法、未成年人权益保护法等法律条款，探索了宣传教育、责令改正、行政处罚、提起诉讼的依法控辍保学四举措，对经过宣传教育、责令改正、行政处罚等仍拒不送子女入学并完成义务教育的家长提起诉讼，将这些家长告上法庭，用法治的手段接续山乡孩子们中断的求学梦。

（选自《云南首例"官告民"案开庭 镇政府状告5辍学子女家长》，《中国日报》2017年12月1日，作者：石飞、李春珍）

◎思考：

1. 本文中的"官告民"是什么意思？
2. 啦井镇人民政府为什么把学生家长告上法庭？
3. 为了让每一个孩子都能享受义务教育，兰坪县采取了哪些措施？

☞知识园地

《中华人民共和国宪法》关于"劳动权"的规定

第四十二条　中华人民共和国公民有劳动的权利和义务。

国家通过各种途径，创造劳动就业条件，加强劳动保护，改善劳动条件，并在发展生产的基础上，提高劳动报酬和福利待遇。

劳动是一切有劳动能力的公民的光荣职责。国有企业和城乡集体经济组织的劳动者都应当以国家主人翁的态度对待自己的劳动。国家提倡社会主义劳动竞赛，奖励劳动模范和先进工作者。国家提倡公民从事义务劳动。

国家对就业前的公民进行必要的劳动就业训练。

第四十三条　中华人民共和国劳动者有休息的权利。

国家发展劳动者休息和休养的设施，规定职工的工作时间和休假制度。

第四十四条　国家依照法律规定实行企业事业组织的职工和国家机关工作人员的退休制度。退休人员的生活受到国家和社会的保障。

第四十五条　中华人民共和国公民在年老、疾病或者丧失劳动能力的情况下，有从国家和社会获得物质帮助的权利。国家发展为公民享受这些权利所需要的社会保险、社会救济和医疗卫生事业。

国家和社会保障残废军人的生活，抚恤烈士家属，优待军人家属。

国家和社会帮助安排盲、聋、哑和其他有残疾的公民的劳动、生活和教育。

第四十八条　中华人民共和国妇女在政治的、经济的、文化的、社会的和家庭的生活等各方面享有同男子平等的权利。

国家保护妇女的权利和利益，实行男女同工同酬，培养和选拔妇女干部。

第四课　网络安全与刑法保护

☞**课文精读**

2015 年 7 月 1 日，十二届全国人大常委会①第十五次会议审议通过了《中华人民共和国国家安全法》，该部法律适应了国家安全形势发展变化的需要，具有鲜明的时代性。其中，"网络空间主权"是新国家安全法第一次提出的概念，这体现了国家主权在网络空间的延伸，表明网络安全与国家安全密不可分。新国家安全法明确规定，国家建设网络与信息安全保障体系，加强网络管理，防范、制止和依法惩治网络攻击、网络入侵、网络窃密、散布违法有害信息等网络违法犯罪行为。由此可见，网络安全也离不开刑法的保护。

网络对我们的现实生活有着广泛而深远的影响，它是实现资源共享和信息传递的系统，并已悄然渗透和融入我们的政治、经济、文化和社会生活等领域之中。随着网络科学技术的迅速发展，人类社会已经进入了网络社会和现实社会共存的"二元社会"阶段，网络安全的内容也随之发生了深刻的变化。在"互联"的 Web1.0 时代②，个人在网络中仅扮演着信息接收者的角色，网络的违法与犯罪行为一般表现为个人对大型商业机构和门户网站的攻击。进入"社交"的 Web2.0 时代③后，个人成为网络活动的参与者，网络成为公众离不开的工作和生活平台，网络的违法与犯罪行为就表现为对普通公众的攻击。另外，在 Web2.0 时代，计算机系统从传统的犯罪对象、犯罪工具演变成为全新的犯罪空间，形成了全新的犯罪领域，一切犯罪都可以在网络空间内融合，甚至可以同时跨越网络空间和现实空间。Web2.0 时代所隐含的潜在危险不论是从范围还是程度上，都要比 Web1.0 时代更大。基于互联网的这种时代变化，国家安全问题面临着前所未有的挑战。

网络信息的再生会形成对国家安全的二次攻击。国家秘密、国家情报、军事机密等国家安全信息，一直以来都是国家安全的基本内容。在互联网发展初期，这些信息以电子数据的形式储存下来，个人通过网络非法获取这些信息并直接加以使用就可对国家安全构成威胁。而随着互联网技术的不断发展，特别是在大数据背景下，海量信息的聚集使信息本

---

① "全国人大常委会"是"全国人民代表大会常务委员会(the Standing Committee of National People's Congress)"的简称，是中华人民共和国最高国家权力机关——全国人民代表大会的常设机关，行使国家立法权。

② 在 Web1.0 时代，网站给用户提供内容，用户阅读网站提供的内容，这个过程是网站到用户的单向行为。

③ 在 Web2.0 时代，网站更注重和用户互动，用户既是网站内容的消费者，也是网站内容的制造者，从而实现了网站与用户的双向交流。

身获得了重生能力。一旦国家安全信息被非法获取，这些信息就会经过云计算①平台进而形成更有使用价值的数据。可见，网络信息的再生所能引发的对国家安全的二次伤害是更加猛烈的。由此可以联想，在即将跨入的"人工智能"Web3.0 时代②里，网络信息的智能化所带来的国家安全隐患更加让人难以想象。

网络空间的失控会使整个国家安全局势产生危险。领土、领水、领空等向来是国家安全的重要内容，一国对上述领域的绝对控制是国家主权的集中体现，也是国家安全的前提条件。在网络时代，网络空间安全对于国家安全来说也极其重要。

自 2015 年《刑法修正案（九）》颁布实施后，我国现行刑法中有关网络犯罪有 4 个条文，共涉及 8 个罪名。然而，由于网络犯罪的隐蔽性和复杂性，当前立法规定的惩罚范围和力度远不足以制止各种各样的危害网络安全的犯罪行为。笔者建议，为充分发挥刑法对网络安全的保障作用，未来需要对刑法作出下述修订。

扩大立法范围，将危害国家安全的网络犯罪行为纳入刑法打击范围，在现有立法基础上适当增设新的罪名，防止漏罪出现。我国现有刑法关于网络安全犯罪的规定仅见于"扰乱公共秩序罪"一节之中，这样的规定明显不够全面，也不足以显示网络安全在刑法中的地位。应当进一步扩大立法范围，将网络安全犯罪从扰乱公共秩序罪一节中剥离，单独设置为"破坏网络安全罪"，并同时增加一些新的罪名。

加重处罚力度，严厉惩治危害国家安全的网络犯罪行为，确保罪责刑一致。我国刑法共有 4 个关于网络犯罪的条文，其刑事责任的规定一般都是"三年以下有期徒刑或者拘役，并处或者单处罚金"，个别罪名中情节特别严重的也只可判处七年以下有期徒刑并处罚金。从该类行为的社会危害性来看，处罚力度明显偏轻。另外，所有的关于破坏网络安全的犯罪均没有设置没收财产刑，因此，对于通过网络实施的危害国家安全的严重犯罪，特别是危害经济秩序方面的犯罪，应增设没收财产刑和加大罚金数额，以增加犯罪成本。

扩大解释刑法空间效力③，最大程度惩治危害国家安全的网络犯罪行为。当前我国国家安全④的内涵和外延比历史上任何时候都要丰富，时空领域也比任何时候都要宽广，这就要求刑法中关于"领域"的内涵应当做出新的规定，对刑法的空间效力做扩大解释。我

---

①　云计算（cloud computing）是分布式计算的一种，指的是通过网络"云"将巨大的数据计算处理程序分解成无数个小程序，然后，通过多部服务器组成的系统进行处理和分析这些小程序得到结果并返回给用户，通过这项技术，可以在很短的时间内（几秒种）完成对数以万计的数据的处理。

②　在 Web3.0 时代，网站内的信息可以直接和其他网站相关信息进行交互，能通过第三方信息平台同时对多家网站的信息进行整合使用；用户在互联网上拥有自己的数据，并能在不同网站上使用；用浏览器即可实现复杂系统程序才能实现的系统功能。

③　刑法的空间效力是指刑法在什么地方和对什么人有效力，各国刑法为解决刑事管辖权范围问题，对刑法的空间效力规定的原则主要有属地原则、属人原则、保护原则和普遍管辖原则四种。我国刑法采取了以属地原则为主，兼采属人原则、保护原则和普遍管辖原则。

④　国家安全是指国家政权、主权、统一和领土完整、人民福祉、经济社会可持续发展和国家其他重大利益相对处于没有危险和不受内外威胁的状态，以及保障持续安全状态的能力。当代国家安全基本包括 16 个方面：政治安全、国土安全、军事安全、经济安全、文化安全、社会安全、科技安全、网络安全、生态安全、资源安全、核安全、海外利益安全、生物安全、太空安全、极地安全、深海安全。

国刑法第 6 条第 1 款所说的我国"领域"是指我国国境内的全部区域,具体包括领土、领水和领空。然而,在新的时期,网络空间应当进入我国领域的范畴。

　　网络安全是一个系统工程,加强网络安全必须以新国家安全法为指导,以刑法为保障,依法加强网络安全建设,不断构筑维护国家安全的坚强防线。

　　　　　　　(选自《网络安全应加强刑法保护》,《光明日报》2016 年 9 月 2 日,作者:李鄂贤)

☞生词学习

1. 审议	shěnyì	动	deliberate and disuss
2. 适应	shìyìng	动	adapt
3. 形势	xíngshì	名	situation
4. 主权	zhǔquán	名	sovereignty
5. 概念	gàiniàn	名	concept；notion
6. 延伸	yánshēn	动	extend；stretch
7. 防范	fángfàn	动	be on guard；keep watch；keep a lookout
7. 加强	jiāqiáng	动	strengthen；enhance；reinforce
8. 制止	zhìzhǐ	动	restrain；stop
9. 依法	yīfǎ	副	according to law
10. 惩治	chéngzhì	动	punish
11. 攻击	gōngjī	动	attack；assault
12. 窃密	qièmì	动	stealing secret information
13. 违法	wéifǎ	动	break the law
14. 犯罪	fànzuì	动	commit a crime
15. 刑法	xíngfǎ	名	penal code；criminal law
16. 影响	yǐngxiǎng	动	influence；impact；affect
17. 共享	gòngxiǎng	动	share
18. 传递	chuándì	动	transmit；deliver
19. 渗透	shèntòu	动	permeate
20. 融入	róngrù	动	blend in；integrate
21. 领域	lǐngyù	名	territory；domain；field
22. 随着	suízhe	介	along with
23. 扮演	bànyǎn	动	to play the role of
24. 参与者	cānyùzhě	名	participant
25. 对象	duìxiàng	名	object
26. 跨越	kuàyuè	动	step over；span；cross
27. 潜在	qiánzài	形	potential
28. 程度	chéngdù	名	degree；level；extent
29. 挑战	tiǎozhàn	动/名	challenge
30. 储存	chǔcún	动	store

31.	非法	fēifǎ	形	illicit；illegal
32.	威胁	wēixié	动	threaten
33.	海量	hǎiliàng	形	a large number of
34.	一旦	yídàn	副	once；in case of
35.	猛烈	měngliè	形	violent；fierce
36.	即将	jíjiāng	副	be about to
37.	失控	shīkòng	动	out of control
38.	绝对	juéduì	形	absolute
39.	极其	jíqí	副	extremely
40.	颁布	bānbù	动	enact
41.	条文	tiáowén	名	article；clause；terms
42.	涉及	shèjí	动	refer to
43.	隐蔽	yǐnbì	动/形	conceal；hide；covert
44.	惩罚	chéngfá	动	punish
45.	修订	xiūdìng	动	revise
46.	进一步	jìnyíbù	副	furthermore
47.	确保	quèbǎo	动	guarantee
48.	有期徒刑	yǒuqītúxíng	名	Imprisonment
49.	拘役	jūyì	动	detention
50.	判处	pànchǔ	动	sentence；condemn
51.	没收	mòshōu	动	confiscate
52.	成本	chéngběn	名	cost
53.	内涵	nèihán	名	connotation
54.	外延	wàiyán	名	extension
55.	丰富	fēngfù	形	abundant
56.	防线	fángxiàn	名	defensive line

☞**语法训练**

1. X 者：参与者、接收者、笔者、作者

语素"者"出现在形容词、动词后，表示做这个动作或有这个特点的人或事物。

◆ 训练：理解下列词语，并填空。

参赛者、接收者、作者、消费者、记者

(1)我们都是这次比赛的_____。

(2)作为一名_____，我应该记录真实的新闻。

(3)如果我发邮件给小王，那么小王就是邮件的_____。

(4)这篇文章的_____是一位著名作家。

(5)_____购买商品或接受服务，是一种市场交易行为。

2. 随着网络科学技术的迅速发展，人类社会已经进入了网络社会和现实社会共存的

"二元社会"阶段，网络安全的内容也随之发生了深刻的变化。

"随着"引出一个渐变的条件，后续动作、事件、行为根据这个条件的变化而变化，例如：

①随着夏天的到来，武汉越来越热了。

②随着经济的发展，汽车也进入了千家万户。

③随着年龄的增长，他越来越高了。

◆ 训练：用"随着"完成句子。

(1)_____收入的提高，人们常常去国外旅行。

(2)_____，租房子的年轻人越来越多。

(3)_____，人们的工资越来越高。

(4)_____，他的体重也慢慢减轻了。

(5)_____，地球逐渐变暖。

3. 一切犯罪都可以在网络空间内融合，<u>甚至</u>可以同时跨越网络空间和现实空间。

"甚至"是递进关系复句的标志，常出现在后分句的句首，强调某个突出的事例。

①他病了，不想吃饭，甚至不想喝水。

②这道题太简单了，不用费脑子，甚至只用看一眼就知道答案。

③他每天努力学习，甚至周末也不休息。

◆ 训练：用"甚至"完成句子。

(1)这个问题高中生明白，初中生明白，_____。

(2)根据天气预报，今天下雨，明天下雨，_____。

(3)为了减肥，他早饭不吃，中饭不吃，_____。

4. <u>一旦</u>国家安全信息被非法获取，这些信息<u>就</u>会经过云计算平台进而形成更有使用价值的数据。

"一旦……就……"句式是条件复句，表示满足某个条件以后，就能实现某种结果，例如：

①一旦没通过 HSK 四级考试，就不能得到奖学金。

②一旦下雨，运动会就取消。

③他一旦坐飞机，就会紧张。

◆ 训练：用"一旦……就……"完成句子。

(1)你_____，就不会生气了。

(2)一旦地震，我们_____。

(3)一旦_____，就不能参加期末考试。

☞课后练习

一、理解下面含有语素"者"的词语的意思，选择合适的词语填空。

发送者、老者、工作者、勇敢者、学者

(1)冲浪是_____的运动。

(2)这位_____虽然已经八十岁了，但是身体依然健康。

（3）如果我给你发送了一封邮件，那么我就是邮件的_____。

（4）作为一名教育_____，我希望我的学生都有美好的未来。

（5）我们的校长是一位研究法学的著名_____。

二、复习本课生词，选择合适的词语填空。

审议、适应、形势、概念、主权、加强

（1）小李很快_____了新的环境。

（2）2015 年 7 月 1 日，全国人大常委会_____并通过了《中华人民共和国国家安全法》。

（3）"网络空间主权"是一个新的_____。

（4）目前，A 国的国内_____很不稳定，常常发生局部战争。

（5）国家应该_____对未成年人的保护力度。

（6）每个国家都应该尊重他国的独立和_____。

影响、依法、惩治、攻击、违法、犯罪

（1）这部法律的出台有助于_____网络违法犯罪。

（2）这个城市受到敌人的_____。

（3）根据《消费者权益保护法》，消费者在购物时_____享有自主选择商品或者服务的权利。

（4）天气变化能够_____人们的心情。

（5）无证驾驶属于交通_____行为。

（6）非法持有枪支是一种_____行为。

制止、共享、传递、融入、极其、领域

（1）参加这次会议的学者来自不同的_____。

（2）地球的南极_____寒冷。

（3）我来中国两年了，逐步_____了中国的生活。

（4）5G 网络_____信息的速度十分迅速。

（5）中国的城市目前很流行_____单车。

（6）应该_____在加油站抽烟的行为。

参与者、对象、程度、挑战、潜在、储存

（1）语言学研究的_____是人类的语言。

（2）这个游戏需要四个_____。

（3）每个人都有_____的能力。

（4）这个手机_____卡的容量有 256G。

（5）虽然他的文化_____不高，但他的工作能力很强。

（6）学汉语对我来说是一个新的_____。

非法、威胁、即将、失控、确保、涉及

（1）明天他_____去日本旅行。

（2）空气污染_____人类的健康。

（3）无证驾驶是_____行为。

（4）那架无人机在 500 米的高度_____了。

（5）制造汽车需要_____很多学科的知识。

（6）一个复杂的密码可以_____电脑里文件的安全。

三、用括号里的词语完成句子。

（1）我在中国生活了五年，_____。（适应）

（2）由于这家公司销售假货，工商局_____。（依法）

（3）_____，中国网民的数量越来越多。（随着）

（4）根据刑法，法院_____。（判处）

（5）出门前我们应该检查厨房的火源，_____。（确保）

四、用下面的词语造句。

（1）审议：

（2）适应：

（3）加强：

（4）制止：

（5）依法：

（6）攻击：

（7）影响：

（8）共享：

（9）随着：

（10）惩罚：

五、根据课文内容，回答问题。

（1）关于保护网络安全，新国家安全法有哪些规定？

（2）Web1.0、Web2.0 和 Web3.0 时代分别有哪些特点？

（3）我国现行刑法中关于网络犯罪有哪几个罪名？

（4）为充分发挥刑法对网络安全的保障作用，该文作者对刑法修订有哪些建议？

☞拓展阅读

刑法的时空效力

一、刑法的空间效力

刑法的空间效力，就是指刑法对地和对人的效力，也就是要解决刑事管辖权的范围问题，一般遵循属地原则、属人原则、保护原则、普遍管辖原则。现代世界大多数国家的刑法，都是以采用属地原则为基础，兼采用其他原则。

（1）属地原则。即以地域为标准，凡是在本国领域内犯罪，无论是本国人还是外国人，都适用本法；反之，在本国领域外犯罪的，都不适用本法。

例如《刑法》第 6 条：凡在中华人民共和国领域内犯罪的，除法律有特别规定的以外，都适用本法。凡在中华人民共和国船舶或者航空器内犯罪的，也适用本法。犯罪的行为或者结果有一项发生在中华人民共和国领域内的，就认为是在中华人民共和国领域内犯罪。

（2）属人原则。即以人的国籍为标准，凡是本国人犯罪，不论是在本国领域内还是在本国领域外，都适用本法。

例如《刑法》第7条：中华人民共和国公民在中华人民共和国领域外犯本法规定之罪的，适用本法，但是按本法规定的最高刑为三年以下有期徒刑的，可以不予追究。中华人民共和国国家工作人员和军人在中华人民共和国领域外犯本法规定之罪的，适用本法。

（3）保护原则。即以保护本国利益为标准，凡侵害本国国家或者公民利益的，不论犯罪人是本国人还是外国人，也不论犯罪地在本国领域内还是本国领域外，都适用本法。

例如《刑法》第8条：外国人在中华人民共和国领域外对中华人民共和国国家或者公民犯罪，而按本法规定的最低刑为三年以上有期徒刑的，可以适用本法，但是按照犯罪地的法律不受处罚的除外。

（4）普遍管辖原则。即以保护国际社会的共同利益为标准，凡发生国际条约所规定的侵害国际社会共同利益的犯罪，不论犯罪人是本国人还是外国人，也不论犯罪地在本国领域内还是在本国领域外，都适用本法。

例如《刑法》第9条：对于中华人民共和国缔结或者参加的国际条约所规定的罪行，中华人民共和国在所承担条约义务的范围内行使刑事管辖权的，适用本法。

二、刑法的时间效力

刑法的时间效力，是指刑法的生效时间、失效时间以及对刑法生效前所发生的行为是否具有溯及力的问题。

刑法的生效时间有两种方式：一是公布之日起生效，这通常是一些单行刑法法律的做法。二是公布之后经过一段时间再施行。

刑法的失效时间基本上也有两种方式：一是由国家立法机关明确宣布某些法律失效。二是自然失效，即新法施行后代替了同类内容的旧法，或者由于原来特殊的立法条件已经消失，旧法自行废止。

刑法的溯及力，是指刑法生效后，对于其生效以前未经审判或者判决尚未确定的行为是否适用的问题。主要采用四个原则：

（1）从旧原则。即按照行为时的旧法处理，新法没有溯及力。

（2）从新原则。即按照新法处理，新法有溯及力。

（3）从旧兼从轻原则。即新法原则上有溯及力，但旧法不认为犯罪或者处刑较轻的，则要按照旧法处理。

（4）从新兼从轻原则。即新法原则上没有溯及力，但新法不认为犯罪或者处刑较轻的，则要按照新法处理。

我国修订的《刑法》第12条第1款规定："中华人民共和国成立以后本法施行以前的行为，如果当时的法律不认为是犯罪的，使用当时的法律；如果当时的法律认为是犯罪的，按照本法总则第四章第八节的规定应当追诉的，按照当时的法律追究刑事责任，但是如果本法不认为是犯罪或者处刑较轻的，适用本法。"

◎思考：

1. 刑法空间效力的"属人原则"是什么意思？

2. 刑法空间效力的"普遍管辖原则"是什么意思？

3. 我国刑法在时间效力上采用什么原则？

☞知识园地

拘役与拘留的区别

1. 性质不同。拘役是剥夺犯罪人短期人身自由，就近实行强制劳动改造的刑罚方法；刑事拘留是刑事诉讼中的一种强制措施；行政拘留属于治安行政处罚；民事拘留属于司法行政性质的处理，是民事诉讼中的一种强制措施。

2. 适用的对象不同。拘役适用于犯罪分子；刑事拘留适用于《刑事诉讼法》第61条规定的七种情形之一的现行犯或者重大嫌疑分子；行政拘留适用于违反治安管理、尚未达到犯罪程度的行为人；民事拘留适用于具有《民事诉讼法》第102条规定的六种行为之一，但又不构成犯罪的民事诉讼参与人或其他人。

3. 适用的机关不同。拘役和民事拘留均由法院适用，而刑事拘留和行政拘留则由公安机关适用。

4. 依据的法律不同。拘役的适用以《刑法》为依据，刑事拘留的适用以《刑事诉讼法》为依据，行政拘留的适用以《治安管理处罚法》为依据，民事拘留的适用以《民事诉讼法》为依据。

5. 期限不同。拘役的期限为1个月以上6个月以下，刑事拘留的期限最多延长至30日，行政拘留的期限为1日以上15日以下，民事拘留的期限为15日以下。

第五课　掘墓者，你在为谁掘墓

☞课文精读

中国有五千年的文明史。在古代，人们认为死并不代表毁灭，灵魂可以重生，为了让死去的人能够在地下过得好一些，在世的人将死者生前喜爱的物品和死者一起陪葬。正因为如此，在几千年的文明发展史中，华夏民族不仅创造了灿烂的文明，而且还遗留了大量的豪华墓穴。这些墓穴中有很多具有很高价值的历史文物，是研究中国历史的重要物品。这些文物在文物交易的黑市上，一般能卖很高的价钱，因此一些不法分子打算盗墓赚钱，他们没有经过国家有关部门的批准，私自打开这些珍贵墓穴，盗走其中的文物，在黑市上卖出，获取暴利，大量文物流向国外或遭到破坏。然而，多行不义必自毙①，掘墓者在不知不觉中也为自己挖好了墓穴，以下两个案例中的盗墓者为他们的罪行付出了沉重的代价。

楚王山汉墓盗掘案

2000 年 10 月 20 日，江苏省徐州市中级人民法院对疯狂盗掘楚王山汉墓和战国赵王陵墓的两名主犯王某、徐某在徐州执行死刑。1997 年 1 月上旬，王某和徐某组织 10 余人来到江苏省铜山县大彭镇全国重点文物保护单位楚王山汉墓，采取打洞入室的方法盗掘文物，他们从楚元王刘交一号墓室中盗走铜灯、铜碗等数件国家一级文物，并毁坏了青铜器、漆木器和陶瓷器等 50 余件国家二、三级文物。其中 9 盏铜灯销赃后，获赃款人民币 25 万元。1997 年 6 月，王某、徐某又组织多人，采取同样方式进入楚元王一号墓主墓室，盗走玉片等大量珍贵文物，致使该墓封土、墓道遭受严重破坏，同时原墓室结构、埋葬形式和考古现场被破坏，使国家文化遗产遭受了重大损失。经警方调查，王某还于 1997 年 3 月组织 10 余人，来到邯郸县三陵乡，采取挖洞、爆破等手段盗掘战国时代赵王陵二号墓，盗走 200 枚玉衣片、低头铜立马和金带钩等国家一级文物，其中金带钩销赃后获赃款人民币 10 万元。

我国刑法规定的盗掘古墓葬罪是指违反国家文化保护法规，以非法占有文物、墓葬品为目的，盗掘具有历史、艺术、科学价值的古墓葬的行为。在本案中，王某与徐某二人疯狂盗墓，以致全国重点文物保护单位楚王山汉墓等古代墓葬遭受严重破坏，构成了盗掘古墓葬罪。由于二人的盗掘活动情节严重，最终被判处死刑。

辽宁红山文化古遗址盗掘案

2014 年底，朝阳市红山文化遗址保护区出现很多盗墓痕迹，多处古墓、古文化遗址

---

① "多行不义必自毙"是一个成语，意思是坏事干多了，一定会自取灭亡。

遭到严重破坏，大量珍贵文物被盗。公安部、辽宁省公安厅、朝阳市公安机关成立专案组对"11·26"特大盗掘古文化遗址、古墓葬案展开侦查并破案。该案也是中华人民共和国成立以来追缴被盗文物最多、抓获犯罪嫌疑人最多的案件。

2015年5月，在公安部统一指挥下，辽宁公安机关会同北京、天津、内蒙古等6地区公安机关共打掉盗掘犯罪团伙10个，抓获犯罪嫌疑人175名，追回涉案文物1168件，其中一级文物125件，二级文物86件，三级文物200件，一般文物757件，价值逾5亿元。

2016年，辽宁省朝阳市中级人民法院①对"11·26"特大盗掘古文化遗址、古墓葬案第一批案件作出一审②判决，以盗掘古文化遗址、古墓葬罪分别判处姚某某、王某某等5名被告人无期徒刑，判处李某某、杭某某等25名被告人有期徒刑15年至3年不等，并处罚金。

（龙山文化玉猪龙）

红山文化是中华五千年文明史的重要发祥地之一，将中华民族的文明史推前了1000多年，被考古界称为"东方文明的新曙光"。此案追回的文物极为珍贵，有红山文化的典型器物——玉猪龙、勾云形玉佩、马蹄形玉箍、双联璧以及兽面纹丫形器、玉龟、玉玦、成对的玉镯等玉器和陶器。这些文物反映了该时期生产工艺水平、社会习俗和宗教信仰，很多文物是首次发现，填补了考古发现的空白。

《刑法》相关法条

刑法第328条：盗掘具有历史、艺术、科学价值的古文化遗址、古墓葬的，处3年以上10年以下有期徒刑，并处罚金；情节较轻的，处3年以下有期徒刑、拘役或者管制，并处罚金；有下列情形之一的，处10年以上有期徒刑、无期徒刑或者死刑，并处罚金或者没收财产：

（一）盗掘确定为全国重点文物保护单位和省级文物保护单位的古文化遗址、古墓葬的；

（二）盗掘古文化遗址、古墓葬集团的首要分子；

（三）多次盗掘古文化遗址、古墓葬的；

（四）盗掘古文化遗址、古墓葬，并盗窃珍贵文物或者造成珍贵文物严重破坏的。

（选自刘艳红主编《犯罪离我们有多远——生活中的刑法》，武汉大学出版社，2008年；人民网《辽宁红山文化古遗址盗掘案首批30名被告获刑》，2016年1月5日，作者：边晗。）

---

① 中级人民法院是人民法院体系的一个层级，其上级单位是高级人民法院，其下级单位是基层人民法院。

② 一审是指法院对案件的最初一级审判。在中国，普通的第一审案件由基层人民法院管辖，但是性质较严重、问题较复杂、影响较广大的第一审案件，按其不同程度，分别由中级人民法院、高级人民法院、最高人民法院管辖。最高人民法院的第一审就是终审。

☞生词学习

1.	文明	wénmíng	名	civilization；culture
2.	毁灭	huǐmiè	动	destroy；exterminate；ruin
3.	灵魂	línghún	名	soul；spirit
4.	生前	shēngqián	名	before one's death；during one's lifetime
5.	陪葬	péizàng	动	something or someone be buried with the dead
6.	遗留	yíliú	动	leave over；hand down
7.	豪华	háohuá	形	luxurious；extravagant
8.	墓穴	mùxué	名	grave；tomb
9.	文物	wénwù	名	cultural relic；historical relic
10.	不法分子	bùfǎfènzi	名	lawbreaker；criminal
11.	盗墓	dàomù	动	rob a tomb；rob a grave
12.	批准	pīzhǔn	动	ratify；approve
13.	珍贵	zhēnguì	形	valuable；precious；rare
14.	暴利	bàolì	名	huge profits；extravagant profits
15.	不知不觉	bùzhībùjué		unconsciously；unwittingly
16.	罪行	zuìxíng	名	crime；guilt；offence
17.	代价	dàijià	名	price for（doing）something
18.	盗掘	dàojué	动	excavate and steal illegally
19.	主犯	zhǔfàn	名	prime culprit
20.	执行	zhíxíng	动	execute；carry out
21.	死刑	sǐxíng	名	death penalty；death sentence
22.	单位	dānwèi	名	unit（as an organization，department，division）
23.	销赃	xiāozāng	动	disposal of stolen goods
24.	赃款	zāngkuǎn	名	illicit money
25.	致使	zhìshǐ	动	cause；result in；bring about
26.	遭受	zāoshòu	动	suffer
27.	损失	sǔnshī	名	loss
28.	违反	wéifǎn	动	violate；break
29.	法规	fǎguī	名	laws and regulations
30.	占有	zhànyǒu	动	possess；occupy
31.	疯狂	fēngkuáng	形	crazy
32.	以致	yǐzhì	连	as a result；so that（always a bad result）
33.	情节	qíngjié	名	plot；details of a case
34.	遗址	yízhǐ	名	ruins；relics
35.	痕迹	hénjì	名	mark；sign；trace
36.	侦查	zhēnchá	动	investigate
37.	抓获	zhuāhuò	动	arrest；capture

38.	嫌疑人	xiányírén	名	suspect
39.	指挥	zhǐhuī	动	command；direct；conduct
40.	团伙	tuánhuǒ	名	gang
41.	无期徒刑	wúqītúxíng	名	life imprisonment
42.	反映	fǎnyìng	动	reflex；reflect

☞**语法训练**

1. X 罪：盗掘古墓葬罪

"X 罪"为罪名结构，即刑法根据犯罪行为的性质和特征所规定的犯罪名称。《中华人民共和国刑法修正案(十一)》规定的罪名有 483 个。例如：

背叛国家罪；分裂国家罪；破坏交通工具罪；危险驾驶罪；生产、销售假药罪；生产、销售不符合卫生标准的化妆品罪；走私文物罪；走私珍贵动物、珍贵动物制品罪；非法采矿罪；非法捕捞水产品罪；盗掘古人类化石、古脊椎动物化石罪；伪造货币罪；持有、使用假币罪；信用卡诈骗罪；逃税罪；故意杀人罪；故意伤害罪；强奸罪；拐卖妇女、儿童罪；非法侵入住宅罪；抢劫罪；盗窃罪；聚众斗殴罪；战时拒绝、逃避服役罪……

◆ 训练：利用汉语词典理解上述罪名，并和同学说一说哪些是生活中常常听说的罪名。

2. 王某、徐某又组织多人，采取同样方式进入楚元王一号墓主墓室，盗走玉片等大量珍贵文物，致使该墓封土、墓道遭受严重破坏。

在本案中，王某与徐某二人疯狂盗墓，以致全国重点文物保护单位楚王山汉墓等古代墓葬遭受严重破坏，构成了盗掘古墓葬罪。

"致使/以致/导致……"等句式表示由上文中某些原因所形成的结果(多指不好的结果)。例如：

①他喝了太多酒，以致死亡。

②小王的闹钟坏了，导致他错过了飞机。

③酒后驾车致使此次车祸发生。

◆ 训练：用"致使/以致/导致……"完成句子。

(1)这次考试，他没准备，_____没有通过考试。

(2)他常常发脾气，_____许多人都不愿意与他合作。

(3)她工作太忙了，_____。

(4)由于长时间不下雨，_____。

(5)错误的建议_____这个公司损失惨重。

3. 由于二人的盗墓活动情节严重，最终被判处死刑，也给自己挖好了墓穴。

辽宁省朝阳市中级人民法院……分别判处姚某某、王某某等 5 名被告人无期徒刑，判处李某某、杭某某等 25 名被告人有期徒刑 15 年至 3 年不等，并处罚金。

"判处……"句式是法律语言中常用句式，意思是法庭依照法律对触犯刑律者判决处以某种刑罚；"被判处……"是被动句式，其主语常常是犯罪者。例如：

①法院一审判处李某有期徒刑 5 年。

②被告人张某以合同诈骗罪被判处无期徒刑。

◆ 训练：用"判处"和"被判处"完成句子。

(1)宋某因诈骗罪被法院_____有期徒刑 10 年。

(2)新加坡将对进行克隆人的科学家_____ 10 年监禁。

(3)警方发言人称，该男子可能会因非法进口动物而_____ 10 年监禁。

4. 盗掘具有历史、艺术、科学价值的古文化遗址、古墓葬的，处 3 年以上 10 年以下有期徒刑，并处罚金；情节较轻的，处 3 年以下有期徒刑、拘役或者管制，并处罚金；有下列情形之一的，处 10 年以上有期徒刑、无期徒刑或者死刑，并处罚金或者没收财产：

(一)盗掘确定为全国重点文物保护单位和省级文物保护单位的古文化遗址、古墓葬的；

(二)盗掘古文化遗址、古墓葬集团的首要分子；

(三)多次盗掘古文化遗址、古墓葬的；

(四)盗掘古文化遗址、古墓葬，并盗窃珍贵文物或者造成珍贵文物严重破坏的。

"……的，处……"句式是立法语言中的常见的表"处置"的句式，其中"……的"是"的"字短语，用来指称有某种犯罪行为的人或某种犯罪情况，相当于一个名词，"处……"为犯罪主体应该承担的法律后果。例如：

①隐匿、毁弃或者非法开拆他人信件，侵犯公民通信自由权利，情节严重的，处一年以下有期徒刑或者拘役。

②故意杀人的，处死刑、无期徒刑或者十年以上有期徒刑。

③过失致人死亡的，处三年以上七年以下有期徒刑。

◆ 训练：上网查询《中华人民共和国刑法》，完成下面的句子。

(1)非法搜查他人身体、住宅，或者非法侵入他人住宅的，_____。

(2)有配偶而重婚的，或者明知他人有配偶而与之结婚的，_____。

(3)以牟利为目的，倒卖国家禁止经营的文物，情节严重的，_____。

☞课后练习

一、上网查询《中华人民共和国刑法》，写出五个罪名。

(1)_____

(2)_____

(3)_____

(4)_____

(5)_____

二、上网查询《中华人民共和国刑法》，写出五个表"处置"的"……的，处……"类句子。

(1)_____。

(2)_____。

(3)_____。

(4)_____。

(5)_____。

三、复习本课生词，选择合适的词语填空。

文明、毁灭、生前、遗留、豪华、不法分子

(1)这位老人_____是一个医生。

(2)游客离开之后，海滩上_____了大量的垃圾。

(3)科学家一直在寻找地球以外的_____。

(4)一颗核弹能够_____一座城市。

(5)这些盗墓的_____被判处有期徒刑10年。

(6)这个五星级酒店真_____啊。

文物、盗墓、批准、珍贵、不知不觉、执行

(1)时间过得真快，这学期_____就要结束了。

(2)_____是违法犯罪行为。

(3)湖北省博物馆收藏了许多_____。

(4)要经过老师_____，我们才能请假回家。

(5)士兵必须_____长官的命令。

(6)在中国学习汉语的那几年，是非常_____的回忆。

销赃、赃款、致使、遭受、损失、违反

(1)盗墓者出售偷来的文物就是_____。

(2)这个网站昨天_____了大量的网络攻击。

(3)他的行为_____了刑法。

(4)地震给这个城市带来巨大的_____。

(5)警察一共没收_____一百万元。

(6)缺少药品_____大量病人死亡。

非法、疯狂、判处、遗址、痕迹、抓获

(1)这几个盗墓贼被_____死刑。

(2)售卖文物在中国是_____的。

(3)为了赚钱，他_____地工作。

(4)我参观了中国红山文化_____。

(5)经过几天几夜的搜索，小偷终于被警察_____了。

(6)警察仔细地寻找犯罪嫌疑人留下的_____。

四、用括号里的词语完成句子。

(1)如果你想请假回家，_____。(批准)

(2)他在这起案件中_____，所以法官认为可以从轻判决。(情节)

(3)_____，所以我们应该珍惜时间。(珍贵)

(4)_____，法院没收了他的全部财产。(非法)

(5)警察_____，所以仔细调查他每天的行踪。(嫌疑人)

五、用下面的词语造句。

(1)文明：

(2)以致：

(3)珍贵：

(4)判处：

(5)违反：

(6)法规：

(7)指挥：

(8)无期徒刑：

(9)痕迹：

(10)侦查：

六、根据课文内容，回答问题。

(1)在中国古代，为什么常常将死者生前喜爱的物品和死者一起陪葬？

(2)根据刑法，说一说楚王山汉墓盗掘案的主犯为何被判处死刑？

(3)为什么红山文化的出土文物特别珍贵？

☞**拓展阅读**

没有买卖，就没有盗掘

红山文化遗址遭到盗墓者盗掘，甚至有部分文物被拍卖公司拿到境外展览、拍卖，从世界范围来看并不是个案。

玛雅文明也未曾逃避厄运。《国家地理》杂志描述过一座盗墓贼丛生的玛雅古城："几乎每一座金字塔都至少有一边上有盗墓贼挖的隧道。墓中多数象形文字石板、陶器和玉器都被盗走，并在黑市上卖给了国外的买主。其中最大的一座金字塔，宏伟壮观，高耸入云，却已经被盗墓者们挖成了两半，看起来像一个巨大的石头餐巾纸盒。"

基克拉迪文化是公元前三世纪爱琴海南部的文化，因大量石雕像的发现而著名。20世纪50年代以来，基克拉迪雕像成为博物馆和私人收藏家们的收藏对象，这刺激了盗掘行动，从而导致上千座墓葬遭到破坏。

事实上，从中国、埃及到意大利、土耳其、拉丁美洲……人类文明所留之处，盗掘总是如影随形。对于盗掘古墓、古文明遗址的行为，各个国家的立法也并不相同。大致分为两个阵营：一派是古墓、古文明遗址比较多的国家，比如中国、埃及、希腊等国提倡对盗掘行为严厉惩罚。另一派以美国、英国、法国为代表，则不将此类行为列入刑法的处罚范畴，而是以民法中的遗留物、埋藏物等制度来规定，甚至规定了发现人的报酬请求权，并明确了奖金应占总值的比例。

20世纪60年代，是国际盗墓活动的高峰期。当时世界主要国家的经济都已经从第二次世界大战中恢复，对古代艺术品收藏和交易有很大的需求，于是形成了一条文物"盗掘——走私——鉴定——买卖——展览"的利益链条。全世界的文化遗产因盗掘遭到严重破坏的现象引起国际社会的关注。随着大量关于盗掘国际利益链的研究与调查，人们发现，仅仅对于盗墓贼处以刑罚并不能从根本上解决问题，没有买卖，才能没有盗掘。

为了控制文物在国际上的非法交易，并制止盗墓行为，重要国际公约相继出台。1970年11月14日，联合国教科文组织①通过了《关于禁止和防止非法进出口文化财产和非法转让其所有权的方法的公约》（以下简称1970年UNESCO公约）；1995年联合国教科文组织与国际统一私法协会合作制定了《关于被盗或者非法出口文物的公约》（以下简称UNIDROIT公约）。上述公约的主要内容是关于出口许可证制度、偷盗或非法出口文化财产的进口限制、对善意购买人的补偿机制、危机条款、对经销商的管制程度等方面，构建了国际间打击盗掘、保护文化遗产的制度性框架。

UNESCO公约作为国际社会打击盗掘行为最重要的公约，至今推行四十余年，实施状况却称不上良好。文物的进口国中仅有美国、法国、加拿大和澳大利亚四国加入该公约，很多文物进口国没有加入该公约，甚至一些人士强烈批评文物出口国的文物管控措施。例如美国国内在讨论UNESCO公约执行法案时，美国古代、东方和原始艺术经销商协会的主席道格拉斯在听证会上发言："该法案的出台会影响古代艺术品的世界贸易，并对将来这些领域的学习研究产生影响。我们对曾经在这个星球上生活的居民的唯一知识来自他们的文化遗迹。"

但UNESCO公约的颁布依然有重要意义。从此以后，社会各界开始关注因收集古物和考古材料而引发的科学、法律、道德问题，并对自身在这类非法交易中充当的角色进行反省。1990年，英国纪录片《非洲国王》引发社会关注，该片披露了马里的考古遗址遭到大规模盗掘以及牛津大学考古和艺术史研究实验室为这些盗掘文物提供鉴定服务的情况。

所以，国际社会反对盗掘行为工作推进困难有政治、经济方面的原因，并非单纯的法律问题，需要国际组织、各国政府、收藏界、商界的共同沟通和努力。

（选自《国际社会：没有买卖，就没有盗掘》，《方圆》2016年第11期，作者：张羽。）

◎思考：

1. 除了中国的红山文化遗址外，还有哪些国家的文化遗址遭到盗掘？
2. 为什么20世纪60年代是国际盗墓活动的高峰期？
3. 联合国为制止国际盗墓和非法交易行为出台了哪些公约？
4. 为什么国际社会反对盗掘行为工作的推进非常困难？

☞知识园地

中国法院分为几个等级？

我国有基层人民法院、中级人民法院、高级人民法院和最高人民法院四级法院，都可以受理第一审民事案件，但受理案件的范围不同，具体是指：

---

① 联合国教科文组织是"联合国教育、科学及文化组织"的简称。（United Nations Educational, Scientific and Cultural Organization，缩写为UNESCO）

1. 基层人民法院

基层人民法院(指县级、不设区的市级、市辖区的法院)管辖第一审民事案件，法律另有规定的除外。这就是说，一般民事案件都由基层人民法院管辖，或者说除了法律规定由中级人民法院、高级人民法院、最高人民法院管辖的第一审民事案件外，其余一切民事案件都由基层人民法院管辖。

2. 中级人民法院

中级人民法院管辖下列第一审民事案件：

第一，重大涉外案件(包括涉港、澳、台地区的案件)。所谓涉外案件，是指具有境外因素的民事案件，如原告或被告是外国人、涉及的财产在境外等。所谓重大涉外案件，是指争议标的额大、案情复杂，或者居住在国外或境外的当事人人数众多或当事人分属多国国籍的涉外案件。

第二，在本辖区有重大影响的案件。所谓在本辖区有重大影响的案件一般是指在政治上或经济上有重大影响的案件。在政治上有重大影响的案件，主要是指诉讼当事人或诉讼标的及标的物涉及的人或事在政治上有重大影响，如当事人是党、政、军界要员或人大代表等。在经济上有重大影响的案件，主要是指诉讼标的金额较大、争议的法律关系涉及国家经济政策的案件。

第三，最高人民法院确定由中级人民法院管辖的案件。目前这类案件主要有海事和海商案件、专利纠纷案件、商标侵权案件。

3. 高级人民法院

高级人民法院管辖的案件是在本辖区内有重大影响的第一审民事案件。

4. 最高人民法院

最高人民法院管辖在全国范围内有重大影响的案件以及它认为应当由自己审理的案件。所谓在全国有重大影响的案件，是指在全国范围内案件性质比较严重、案情特别复杂、影响重大的案件，这类案件为数极少；所谓最高人民法院认为应当由本院审理的案件，是指只要最高人民法院认为某一案件应当由其审理，不论该案属于哪一级、哪一个法院管辖，它都有权将案件提上来自己审判，从而取得对案件的管辖权。这是法律赋予最高审判机关在管辖上的特殊权力。但应明确的是，由最高人民法院作为第一审管辖的民事案件实行一审即终审，不能上诉。

第六课 "醉驾入刑"带来的改变

☞课文精读

醉驾入刑,指醉酒后在道路上驾驶机动车违反刑法,构成犯罪,罪名为"危险驾驶罪"。2011 年 5 月 1 日实施的《中华人民共和国刑法修正案(八)》第二十二条规定"在道路上醉酒驾驶机动车的,处拘役,并处罚金"。

对于什么是"醉驾",每个国家的标准都大不相同。在我国,根据国家市场监督管理总局关于《车辆驾驶人员血液、呼气酒精含量阈值与检验》的规定,驾驶者的血中酒精浓度大于或等于 20mg/100mL,小于 80mg/100mL 为喝酒后驾车行为;驾驶者的血中酒精浓度大于或等于 80mg/100mL 为醉酒驾驶行为。喝酒后驾车的行为人即便是清醒的,但其机体对客观事物反应时间也会出现延迟,对道路状况的判断敏感性会降低;醉酒后驾车的行为人常常处于不清醒状态,也就更加危险,醉酒驾驶者血液中酒精浓度达到 80mg/100mL 就构成危险驾驶罪。

随着我国经济的发展和机动车数量的增加,喝醉酒后驾车、飙车和其他危险的驾驶行为造成重伤或死亡的惨案频繁出现,社会和舆论要求对醉酒驾驶等危险驾驶行为进行刑事处罚的呼声日益增高。根据最高人民法院统计,仅仅从 2009 年 1 月到 8 月,酒后驾车和醉酒驾车事故就发生了 3206 起,造成 1302 人死亡。

在我国《刑法修正案(八)》之前的刑法框架下,危险驾车行为没有造成严重的实际结果或没有给社会带来严重危害的,通常并不认定为犯罪,司法实践中只对造成严重实际危害结果的危险驾驶行为才定罪。我国《道路交通安全法》对酒后驾车虽有处罚规定,但仅限于罚款、暂扣或吊销驾驶证、5 年内禁驾、行政拘留等处罚。违法成本过低,无疑是酒后驾驶屡禁不止的重要原因。

2011 年 5 月 1 日起,《刑法修正案(八)》实施,增加了危险驾驶罪的规定,首次将"醉驾"纳入刑法,这是对人民群众意愿的积极回应。只要检测到驾驶者血液酒精含量达到大于或等于 80mg/100mL,即使没有造成严重后果,也可以危险驾驶罪定罪处罚,这大大提高了酒后驾驶的违法成本。此后,为保证《刑法修正案(八)》的正确实施,公安部规定,对达到醉驾标准的一律以涉嫌危险驾驶罪立案侦查。最高人民检察院①也表示,醉

---

① 最高人民检察院(The Supreme People's Procuratorate of the People's Republic of China)是中华人民共和国最高检察机关,领导地方各级人民检察院和专门人民检察院的工作,对于国务院所属各部门、地方各级国家机关、国家机关工作人员和公民是否遵守法律,行使国家检察权。

驾案件只要事实清楚、证据充分，就一律起诉。从此，"醉驾入刑"如一把悬于驾驶人头顶上方的利剑，震慑与警示作用大大提升。

根据公安部交通管理局①统计，从 2011 年至 2017 年，在机动车、驾驶人数量分别增长 49.6%、80.6% 的情况下，全国因酒驾、醉驾导致的一般、较大以上交通事故数量均下降，造成的人员伤亡数量明显减少。

在一般交通事故方面，"醉驾入刑"前的五年，即 2006 年 5 月 1 日至 2011 年 4 月 30 日，全国年均因酒驾、醉驾导致交通事故 6542 起，造成 2756 人死亡、7090 人受伤；"醉驾入刑"后的 2011 年 5 月 1 日至 2017 年 4 月 30 日，全国年均因酒驾、醉驾导致交通事故 5962 起，造成 2378 人死亡、5827 人受伤，较"醉驾入刑"前的五年分别下降 8.9%、13.7%、17.8%。

在较大以上交通事故方面，2006 年 5 月 1 日至 2011 年 4 月 30 日，全国年均因酒驾、醉驾导致较大以上交通事故 60 起，造成 217 人死亡、91 人受伤；2011 年 5 月 1 日至 2017 年 4 月 30 日，全国年均因酒驾、醉驾导致较大以上交通事故 51 起，造成 191 人死亡、61 人受伤，较"醉驾入刑"前的五年分别下降 15.3%、12.1%、33.3%。

"醉驾入刑"也促使"代驾"这一行业迅速兴起。根据有关数据显示，酒后代驾大约占到代驾服务的 90%，而且开始从大城市向二三线城市快速拓展。公安部数据显示，"醉驾入刑"5 年来，全国有 2.18 亿人次接受了酒后代驾服务。目前，"开车不喝酒，喝酒不开车"已经成为社会共识，驾驶人在酒桌上会自觉放弃饮酒，或者选择代驾、打车及其他交通方式出行。由此可见，"醉驾入刑"深深地改变了人们的思想观念和生活方式。

（选自百度百科"醉驾入刑"词条；新闻报道《"醉驾入刑"七年带来哪些变化》，《法制日报》2018 年 6 月 11 日，作者：韩丹东。）

☞ **生词学习**

1. 醉驾	zuìjià	动	drunk driving
2. 机动车	jīdòngchē	名	motor vehicles
3. 实施	shíshī	动	implement；carry out
4. 呼气	hūqì	动	exhale
5. 阈值	yùzhí	名	threshold value
6. 检验	jiǎnyàn	动	checkout；test；examine
7. 浓度	nóngdù	名	concentration；consistence
8. 延迟	yánchí	动	delay
9. 敏感性	mǐngǎnxìng	名	sensibility
10. 清醒	qīngxǐng	形	sober
11. 飙车	biāochē	动	car racing
12. 造成	zàochéng	动	bring about；cause

---

①　公安部交通管理局（Traffic Administration Bureau of the Ministry of public security of the People's Republic of China）是一个组织、指导和监督地方公安机关依法查处道路交通违法行为和交通事故的国家机关。

13. 重伤	zhòngshāng	名	serious injury
14. 惨案	cǎn'àn	名	massacre
15. 频繁	pínfán	形	frequently；often
16. 舆论	yúlùn	名	public opinion；public voice
17. 日益	rìyì	副	increasingly；day by day
18. 事故	shìgù	名	accident
19. 框架	kuàngjià	名	frame
20. 实际	shíjì	形	actual；practical；realistic
21. 危害	wēihài	名	harm
22. 司法实践	sīfǎshíjiàn		judicial practice
23. 定罪	dìngzuì	动	convict sb.（of a crime）
24. 罚款	fákuǎn	动	impose a fine
25. 吊销	diàoxiāo	动	revoke；withdraw；deactivate
26. 行政拘留	xíngzhèngjūliú		administrative detention
27. 纳入	nàrù	动	bring into
28. 检测	jiǎncè	动	test
29. 含量	hánliàng	名	content
30. 涉嫌	shèxián	动	be suspected of being involved
31. 震慑	zhènshè	动	frighten
32. 警示	jǐnshì	动	warning
33. 年均	niánjūn	动	annual average
34. 代驾	dàijià	动	substitute driving
35. 兴起	xīngqǐ	动	rise；spring up；grow up
36. 拓展	tuòzhǎn	动	expand
37. 人次	réncì	量	person-time
38. 共识	gòngshí	名	common view
39. 自觉	zìjué	形	self-conscious

☞**语法训练**

1. V 成：构成、造成、形成、达成

在"V 成"结构中，V 表示动词性语素，语素"成"有两个意义：一是"完成、成功"；二是"成为、变为"，例如：

◆ 训练：理解下列词语，并填空。

构成、造成、形成、做成、吃成、译成

(1)醉酒驾车的行为会_____"危险驾驶罪"。

(2)这个厨师把面粉_____了好吃的面包。

(3)这次地震给这个城市_____了巨大的损失。

(4)他每天吃很多糖，终于把自己_____了一个大胖子。

（5）请把这段汉语_____英语。

（6）中国在长期的历史发展过程中_____了 56 个民族。

2. 为保证《刑法修正案（八）》的正确实施，公安部规定，对达到醉驾标准的一律以涉嫌危险驾驶罪立案侦查。

"为/为了"引导的小句表示目的，后面的小句表示为达到这个目的而采取的方法、措施。例如：

①为了通过期末考试，他最近天天去图书馆学习。

②为了赚钱买房子，他打了几份工。

③为追捕该犯罪嫌疑人，警察几天几夜没有睡觉。

◆ 训练：用"为/为了"完成句子。

（1）_____，他没去上海工作。

（2）_____，老板亲自去工厂帮忙。

（3）_____，这个女孩每天不吃晚饭。

（4）_____，他选择去中国留学。

（5）_____，国家出台了《未成年人保护法》。

3. 醉驾案件只要事实清楚、证据充分，就一律起诉。

"只要……就……"是充分条件复句，满足"只要"引导的条件，就能实现后面的结果。例如：

①只要明天不下雨，我们就去春游。

②只要努力学习、认真听课，就能取得好成绩。

③只要你通过了司法考试，我就送你一个新手机。

◆ 训练：用"只要……就……"完成句子。

（1）_____，就一定可以成功。

（2）_____，就能够得到奖学金。

（3）_____，就可以去日本旅行。

（4）只要认真完成作业，_____。

（5）只要每天坚持锻炼身体，_____。

4. 在机动车、驾驶人数量分别增长 49.6%、80.6% 的情况下，全国因酒驾、醉驾导致的一般、较大以上交通事故数量均下降，造成的人员伤亡数量明显减少。

"在……的情况/条件下"是表条件的格式，后续句子是条件引发的结果。例如：

①在非常生气的情况下，我们不要轻易做决定。

②在不复习的情况下，他依然轻松地通过了这个考试。

③在物质生活十分富足的条件下，人们往往追求更高质量的精神生活。

◆ 训练：用"在……的情况/条件下"完成句子。

（1）_____，他战胜了对手。

（2）_____，我们更应该团结一心，克服困难。

（3）_____，地球上很多生物濒临灭绝。

（4）_____，你没有更好的选择了。

(5)＿＿＿＿＿＿＿＿＿＿＿＿，他一个人完成了任务。

☞课后练习

一、理解下面含有语素"成"的词语的意思，选择合适的词语填空。

构成、造成、胖成、变成、制作成

(1)这个小孩把一张纸＿＿＿＿＿＿＿一架纸飞机。

(2)他的行为＿＿＿＿＿＿＿故意伤害罪。

(3)他每天喝三杯奶茶，终于＿＿＿＿＿＿＿一只熊。

(4)这次失恋给他＿＿＿＿＿＿＿了巨大的影响。

(5)通过很多年的努力，他从一个普通职员＿＿＿＿＿＿＿公司老板。

二、复习本课生词，选择合适的词语填空。

醉驾、实施、阈值、检验、延迟、敏感性

(1)《民法典》于2021年1月1日正式＿＿＿＿＿＿＿。

(2)这个仪器能够＿＿＿＿＿＿＿出你是否已经感染了病毒。

(3)小张因为＿＿＿＿＿＿＿被判处危险驾驶罪。

(4)人在睡觉的时候对声音的＿＿＿＿＿＿＿降低。

(5)由于暴风雪突然来临，多架客机＿＿＿＿＿＿＿起飞。

(6)他生气的＿＿＿＿＿＿＿很低，一点小事都可以让他非常愤怒。

清醒、飙车、造成、日益、频繁、舆论

(1)社会＿＿＿＿＿＿＿普遍反对政府实施的这项新政策。

(2)他的违法行为对这家公司＿＿＿＿＿＿＿了巨大损失。

(3)由于他常常和中国朋友聊天，他的口语水平＿＿＿＿＿＿＿提高。

(4)他昨晚喝醉了，今天下午终于＿＿＿＿＿＿＿了。

(5)在高速公路上超速＿＿＿＿＿＿＿属于违法行为。

(6)他最近心情不好，所以＿＿＿＿＿＿＿地吸烟。

事故、实际、危害、司法实践、定罪、罚款

(1)由于违规停车，他被＿＿＿＿＿＿＿200元。

(2)二审法院认为，一审法院对小明的＿＿＿＿＿＿＿是合适的。

(3)这个城市由于私家车越来越多，交通＿＿＿＿＿＿＿的数量也逐渐增多。

(4)吸烟＿＿＿＿＿＿＿自己和他人的健康。

(5)公司的新规定对员工收入的＿＿＿＿＿＿＿影响不大。

(6)这个法官有丰富的＿＿＿＿＿＿＿经验。

吊销、纳入、检测、含量、涉嫌、代驾

(1)他因危险驾驶罪而被＿＿＿＿＿＿＿驾驶证。

(2)他在这个工厂里的工作就是＿＿＿＿＿＿＿不合格产品。

(3)教师应该把学生出勤和作业情况＿＿＿＿＿＿＿期末总评成绩。

(4)由于自然环境的改善，这条河里的有害物质＿＿＿＿＿＿＿越来越低。

(5)喝酒以后不能开车，必须请人＿＿＿＿＿＿＿。

(6)有足够的证据表明，他_____这起故意杀人案。

震慑、年均、拓展、人次、共识、自觉

(1)近年来，这个国家的 GDP _____增长 5%。

(2)通过三年的谈判，这两家公司终于达成_____。

(3)符合纳税条件的公民应该_____纳税。

(4)"醉驾入刑"有效地_____了酒后驾车行为。

(5)旅行也可以_____人们的知识。

(6)每年参观这个博物馆的观众有三十万_____。

三、用括号里的词语完成句子。

(1)_____，交通事故数量持续下降。（实施）

(2)由于天气原因，所有的航班都_____。（延迟）

(3)_____，这条河里的水不合适饮用。（检测）

(4)_____，越来越多的人买得起汽车了。（成本）

(5)警察认为_____，所以将他带到警察局调查。（涉嫌）

四、用下面的词语造句。

(1)实施：

(2)检验：

(3)造成：

(4)构成：

(5)事故：

(6)危害：

(7)涉嫌：

(8)实际：

(9)共识：

(10)自觉：

五、根据课文内容，回答问题。

(1)我国酒后驾车和醉酒驾车的认定标准是什么？

(2)"醉驾入刑"前，我国《道路交通安全法》对酒后驾车的处罚是如何规定的？

(3)"醉驾入刑"后，我国交通事故的数量有何改变？

(4)"醉驾入刑"促使什么行业迅速兴起？

☞拓展阅读

医生酒后停车场挪车被判危险驾驶罪

2016 年 9 月 8 日 22 时左右，广东一家医院的医生陈钢聚会饮酒后，代驾将他送回广州市荔湾区某小区，陈钢在小区停车场内自行驾车寻找车位时与停放在路边的两辆小轿车发生碰撞，两辆车被刮花。民警接警后将陈钢抓获。陈钢陈述，当晚 7 时许，他与同事在酒楼吃饭，自己喝了三两白酒。朋友郑某帮他叫了代驾司机，代驾司机将车开到小区停车场后，因没有车位，停车后就离开了。随后他自行驾车寻找停车位，倒车时，和停在路边的两辆车发生碰撞。

经鉴定，陈钢静脉血液中检出酒精成分含量为 176.9mg/100mL。交警认定，陈钢对事故负全部责任，陈钢此后与两车主达成协议，赔偿车辆维修费一共 3000 元。

检方提起公诉，指控陈钢在道路上醉酒驾驶机动车，危害公共安全，应当以危险驾驶罪追究刑事责任。荔湾区法院一审认定陈钢构成危险驾驶罪，对其判处拘役 1 个月，缓刑 2 个月，并处罚金 2000 元。

本案的争议焦点为，小区停车场算不算《道路交通安全法》规定的"公共道路"。

陈钢上诉称，案发的小区晚上 8 时后不对外开放，是封闭性的，况且其是在人行道上慢速挪车，旁边无行人，所以案发时行车路段不属于危险驾驶罪中规定的"公共道路"，也不存在"危害公共安全"。其次，其因挪车位而醉驾，属于情节显著轻微，不需要判处刑罚。

二审法院审理认为，"道路"是指公路、城市道路，以及虽在单位管辖范围内但允许社会机动车通行的地方，包括广场、公共停车场等用于公众通行的场所。涉案的某小区停车场虽是住宅小区，但该小区允许社会车辆交纳一定的停车费后进入停车，其通行条件并无特定的人身依附关系，对象不特定，范围面向社会大众，属于允许社会车辆通行的地方，该小区道路具有公共性，符合《道路交通安全法》所规定的"道路"。

二审法院查明，陈钢饮酒后将车交给代驾司机驾驶，表明其已认识到在道路上醉酒驾驶机动车具有高度危险性，且是违法行为，并采取了一定的避免措施；上诉人陈钢为了寻找车位而挪车，其主观恶性明显小于其他主动醉酒驾驶机动车的行为人；陈钢醉酒驾驶距离短，且车速缓慢，该行为的危险性明显小于醉酒驾驶机动车高速、长距离的行驶。

综上，陈钢的醉驾行为虽然发生了实际的危害后果，但只是轻微的车辆碰撞，且积极赔偿被害方的经济损失，其犯罪情节轻微，依法可免除刑事处罚。

法院认为，陈钢醉酒在道路上驾车，其行为已经构成危险驾驶罪，其归案后如实供述罪行，积极赔偿被害人经济损失，有认罪和悔罪表现，依法可以从轻判处。原判判处缓刑无明显不当，综合考虑陈钢作案的动机、手段、危害后果，对上诉人陈钢免予刑事处罚更符合人情、法理。

（选自《医生酒后停车场挪车被判危险驾驶 二审被免予刑事处罚》，《广州日报》2017 年 5 月 10 日，作者：魏丽娜。）

◎思考：

1. 陈钢饮酒后，如何返回自己的小区？
2. 陈钢驾车在什么地方发生了什么事故？
3. 一审法院对此案件如何判决？
4. 二审法院对此案件如何判决？

☞知识园地

喝酒对驾驶者的负面影响

人们在喝酒过后，对驾驶车辆有六项很重要的负面影响：

（一）视觉障碍：一般人在平常状态下的外围视界可达 180 度，如果酒精含量超过 0.08%，驾驶员的视野就会缩小。在这种情况下，人已经不具备驾驶能力。至于醉酒的驾驶员，甚至只能感觉到周围环境的很小一部分。

（二）运动反射神经迟钝：慢了一两秒。如车速为 60km/h，一秒钟车子就已经跑了 16.67 米，必然会产生严重后果。

（三）触觉能力降低：饮酒后驾车，因酒精麻醉作用，人的手、脚触觉较平时降低，往往无法正常控制油门、刹车及方向盘。

（四）使判断能力和操作能力降低：饮酒后，人对光、声刺激的反应时间延长，从而无法正确判断距离和速度。

（五）使心理变态：酒精刺激下，人有时会过高估计自己，对周围人劝告常不予理睬，往往做出力不从心的事。

（六）易疲劳：饮酒后由酒精的作用，80%人易出现肝昏迷，也就是人们常说的困倦、打瞌睡，表现为行驶不规范、空间视觉差等疲劳驾驶的行为而引发交通事故。

第七课 《中华人民共和国民法典》诞生记

（新华社记者丁海涛 摄）

☞课文精读

2020 年 5 月 28 日下午，北京，人民大会堂。

十三届全国人大①三次会议以 2879 票赞成、2 票反对、5 票弃权，高票表决通过《中华人民共和国民法典》，热烈的掌声，在人民大会堂久久回荡，中国从此进入了"民法典时代"。这是中华人民共和国历史上首个以"法典"命名的法律，包含着几代立法者、法律工作者乃至亿万人民的梦想。

民法是民事领域的基础性、综合性法律。编纂民法典，是一个国家法律传统和法治信仰的生动记录。

近百岁高龄的法学家金平，清楚记得自己亲身经历的中华人民共和国三次民法起草工作。

"第一次是 1954 年，第二次是 1962 年，第三次是 1979 年。"金平说："必须承认，只有经济社会发展、人民安居乐业、法治观念深入人心，民法典才具备成功编纂的条件。"

改革开放以来，民法通则、合同法、物权法等民事法律相继出台，民事法律规范体系逐渐完备。源于 19 世纪的《法国民法典》，因为对现代民法制度的启蒙而著名。来自 20 世纪初期的《德国民法典》，因为逻辑严谨而传承。那么，中国民法典怎样适应当今飞速发展的社会呢？

2014 年 10 月，中国共产党的十八届四中全会②通过《中共中央关于全面推进依法治国若干重大问题的决定》，明确提出"编纂民法典"。

2015 年 3 月，全国人大常委会③启动民法典编纂工作。结合我国民事法律体系现状，

---

① "十三届全国人大"是"中华人民共和国第十三届全国人民代表大会（The Thirteenth National People's Congress of People's Republic of China）"的简称，根据中华人民共和国宪法和相关规定，中华人民共和国第十三届全国人民代表大会任期自 2018 年 3 月起，至 2023 年 3 月止。

② "中国共产党十八届四中全会"是"中国共产党第十八届中央委员会第四次全体会议（The Fourth Plenary Session of the 18th Central Committee of the Communist Party of China）"的简称，此次会议于 2014 年 10 月 20 日至 23 日在北京召开。

③ "全国人大常委会"是"全国人民代表大会常务委员会（Standing Committee of the National People's Congress）"的简称。是中华人民共和国全国人民代表大会的常设机关，行使国家立法权。

一开始就明确了"两步走"的规划。首先制定民法总则①，调整民事活动必须遵循的基本原则和一般性规则等重要内容，属于大的创新。然后对其他现行民事法律进行整合修订，编纂民法典各分编。

2017年3月，十二届全国人大五次会议表决通过民法总则，民法典编纂顺利迈出第一步。

2018年8月，民法典各分编草案修订完成。此后的一年多时间里，全国人大常委会对民法典各分编草案多次进行审议。广阔的中国，十里不同风，百里不同俗，因此编纂民法典，必须倾听人民的声音，寻求经济发展和群众生活基本规范的广泛共识。

2019年12月，由民法总则与民法典各分编草案"合体"而来的完整版民法典草案首次展现在人们眼前。

2020年全国"两会"期间，代表委员们对民法典草案进行了认真审议和热烈讨论。大家认为，草案符合我国国情和实际，反映了人民意愿，体现了民法基本原理和民事活动的规律。根据各方面意见，草案又作了100余处修改，其中实质性修改40余处。

翻开民法典，"人格权"一编格外引人注目。明确"隐私"的定义，完善对肖像权的保护，确立器官捐献基本规则，加强个人信息保护……人格权编被认为是民法典的重大创新，将我国法律对人身自由、人格尊严的保护提升到了新高度。

享受天伦之乐，却不知孩子几岁能独自去超市购物？民法典总则编告诉你，限制民事行为能力人的年龄标准已经从10岁调整为8岁。

喜搬新家，却遇到了不讲道理的物业公司？民法典合同编增加规定了物业服务合同，更好保障业主权利。

晚年想修改遗嘱，却已无力前往公证处？民法典继承编增加了录像等新的遗嘱形式，公证遗嘱也不再效力优先。

从总则编明确规定胎儿利益保护，到婚姻家庭编加大对婚姻无过错方的保护，再到继承编强调尊重立遗嘱人的真实意愿……对个人权利实现"从出生到坟墓"的全面保护，是民法典的重要价值。

（选自新华社5月28日报道《新时代的人民法典——〈中华人民共和国民法典〉诞生记》，记者：罗沙、杨维汉、白阳、熊丰。）

☞**生词学习**

1. 弃权	qìquán	动	abstain from voting
2. 表决	biǎojué	动	decide by vote
3. 民法典	mínfǎdiǎn	名	Civil Code
4. 包含	bāohán	动	contain; include
5. 民事	mínshì	名	civil

---

① 民法总则指《中华人民共和国民法总则》，规定了民事活动的基本原则和一般规定，在民法典中起统领性作用。共分基本规定、自然人、法人、非法人组织、民事权利、民事法律行为、代理、民事责任、诉讼时效、期间计算和附则11章、206条。

6. 信仰	xìnyǎng	名	faith；belief
7. 生动	shēngdòng	形	vivid
8. 经历	jīnglì	动	experience
9. 起草	qǐcǎo	动	draft；draft up
10. 安居乐业	ānjūlèyè		live and work in peace
11. 深入人心	shēnrùrénxīn		go deep into the hearts of the people
12. 出台	chūtái	动	introduce
13. 启蒙	qǐméng	动	enlighten
14. 逻辑	luójì	名	logic
15. 严谨	yánjǐn	形	rigorous
16. 传承	chuánchéng	动	inherit
17. 推进	tuījìn	动	promote；push on
18. 规划	guīhuà	名/动	plan
19. 制定	zhìdìng	动	formulate
20. 创新	chuàngxīn	动	innovate
21. 草案	cǎo'àn	名	draft
22. 符合	fúhé	动	accord with；conform to
23. 原理	yuánlǐ	名	principle
24. 隐私	yǐnsī	名	privacy
25. 肖像权	xiàoxiàngquán	名	portraiture right
26. 捐献	juānxiàn	动	donate
27. 人格	réngé	名	personality；character
28. 尊严	zūnyán	名	dignity；honour
29. 物业	wùyè	名	property
30. 业主	yèzhǔ	名	owner
31. 遗嘱	yízhǔ	名	will；dying words
32. 公证处	gōngzhèngchù	名	notarial office
33. 效力优先	xiàolìyōuxiān		effectiveness first
34. 胎儿	tāi'ér	名	fetus
35. 无过错方	wúguòcuòfāng	名	innocent party
36. 坟墓	fénmù	名	grave

☞语法训练

1. ✕权(权利)：人格权、肖像权

　　✕权(权力)：立法权、审判权、军权

语素"权"指"权利"或"权力"，"✕权"常常表示公民或法人享有的权利，或国家政府机关拥有的权力。

◆ 训练：理解下列词语，并填空。

立法权、肖像权、人格权、审判权、知识产权、被选举权

（1）_____是人身权的一种，指公民本身固有的权利，包括生命健康权、姓名权、肖像权、名誉权等。

（2）_____指制定、修改、废止法律的权力。

（3）_____指公民对自己的肖像所拥有的不受侵犯的权利，未经本人允许，他人不得以营利为目的使用自己的肖像。

（4）在中国，年满 18 岁的公民享有选举权和_____。

（5）中华人民共和国人民法院行使_____。

（6）只有保护了_____，才能促进科学的发展。

2. 只有经济社会发展、人民安居乐业、法治深入人心，民法典才具备成功编纂的条件。

"只有……才……"句式是必要条件复句，表示两个小句之间是条件与结果的关系，例如：

①只有年满 18 岁，才有选举权。

②只有好好学习，毕业以后才能找到好工作。

③宪法只有在不适应经济发展时才可以被修改。

◆ 训练：用"只有……才……"完成句子。

（1）_____建立一个公正、高效的司法体制，_____实现社会安定。

（2）只有_____，才会有好身体。

（3）只有通过所有的考试，才_____。

3. 源于 19 世纪的《法国民法典》，因为对现代民法制度的启蒙而著名。来自 20 世纪初期的《德国民法典》，因为逻辑严谨而传承。

"因为……而……"句式含有因果关系，表示由于某种原因而产生了某种结果，例如：

①他因为酒后驾车而违法。

②因为科技进步，而让我们的生活更方便。

③我因为有好友的陪伴，而忘记了生活中的不愉快。

◆ 训练：用"因为……而……"完成句子。

（1）有人说，女孩子不是_____美丽_____可爱，而是_____可爱_____美丽。

（2）张经理_____长期熬夜_____生病。

（3）这家公司_____而被起诉。

4. 人格权编被认为是民法典的重大创新，将我国法律对人身自由、人格尊严的保护提升到了新高度。

"……被认为是……"句式是法律文本中常见的被动句，"被"后省略了"认为"的行为主体，有时可以补出，例如：

①牛顿被（人们）认为是一个伟大的科学家。

②酒后驾车被（法律）认为是违法行为。

③他被(警察)认为是这个案件的犯罪嫌疑人。

◆ 训练：用"……被认为是……"完成句子。

(1)他_____我们班学习最好的学生。

(2)篮球运动员姚明被认为是_____。

(3)上海被认为是_____。

☞课后练习

一、理解下面含有语素"权"的词语的意思，选择合适的词语填空。

姓名权、受教育权、人身自由权、版权、财产权

(1)_____指公民享有的上学接受教育的权利。

(2)_____指公民在法律范围内有独立行为而不受他人干涉，不受非法逮捕、拘禁，不被非法剥夺、限制自由及非法搜查身体的自由权利。

(3)_____是公民依法享有的决定、使用、变更自己的姓名并要求他人尊重自己姓名的一种人格权利。

(4)这本书的_____属于作者。

(5)《中华人民共和国宪法》明确规定，公民的合法的私有财产不受侵犯，国家依照法律规定保护公民的私有_____。

二、复习本课生词，选择合适的词语填空。

弃权、表决、起草、民事、出台、经历

(1)十三届全国人大三次会议_____通过了《中华人民共和国民法典》。

(2)离婚案属于_____案件。

(3)关于这个问题，他投了_____票。

(4)小王_____了这份文件，然后发送给了老板。

(5)这个公司_____了许多困难，终于获得了成功。

(6)今年，我国_____了几部新法律。

逻辑、推进、规划、制定、创新、深入人心

(1)根据公司最新的_____，明年的营业额将达到两千万元。

(2)中国人民银行_____了新的货币政策。

(3)经过政府的大力宣传，低碳环保的理念_____。

(4)这家科技公司很重视_____。

(5)说话要有_____，才能让别人听懂。

(6)这部新法律将_____中国电子商务的发展。

安居乐业、隐私、严谨、捐献、遗嘱、业主

(1)张教授是一位_____认真的老师，深受学生喜欢。

(2)年龄、收入、身份证号等信息属于个人_____。

(3)去世前，这位老人_____自己的心脏。

(4)根据_____，这笔钱属于他的女儿。

(5)这个小区的_____对物业公司的服务很不满意。

(6)随着经济的发展，当地老百姓_____，生活幸福。

草案、肖像权、尊严、包含、符合、生动

(1)明星都很重视保护自己的_____。

(2)小明的作业不_____老师的要求，所以得重新做一遍。

(3)这个简单的故事_____了很深刻的道理。

(4)明天董事会将讨论修改这份关于公司制度的_____。

(5)一个人即使失去生命，也不能失去_____。

(6)这部动画片非常_____、有趣，小孩子们都喜欢看。

三、用括号里的词语完成句子。

(1)经过漫长的审议，_____。（出台）

(2)_____，别人就会不明白你的意思。（逻辑）

(3)_____，未经允许不能拆开别人的快递包裹。（隐私）

(4)_____，这个城市要新建三家大医院。（规划）

(5)中国城市和农村里的小汽车越来越多，_____。（反映）

四、用下面的词语造句。

(1)民事：

(2)包含：

(3)共识：

(4)符合：

(5)反映：

(6)捐献：

(7)隐私：

(8)制定：

(9)推进：

(10)弃权：

五、根据课文内容，回答问题。

(1)世界上有哪些著名的民法典？

(2)请简述中国民法典的编纂过程。

(3)举例说明中国民法典有哪些创新？

☞**拓展阅读**

民法典人格权编的主要创新

人格权是民事主体对其生命、健康、名誉、肖像等特定的人格利益享有的权利，关系到每个人的人格尊严，是民事主体最基本、最重要的权利。

经过改革开放40多年的发展，人们在物质生活水平得到极大提高的同时，对精神权利的追求日益明显。这些精神性权利，在民法上集中体现为人格权。我国宪法明确规定，要尊重和保护公民的人身自由和人格尊严。

民法典将人格权制度独立设为一编，强调人格权保护，这既是民法典的一大亮点，也是一个重大的制度创新。

人格权编主要是从民事法律规范的角度规定民事主体人格权的内容、边界和保护方式，不涉及公民政治、社会等方面权利。人格权编规定了人格权的一般规则，并对生命权、身体权和健康权，姓名权和名称权，肖像权，名誉权和荣誉权，隐私权和个人信息保护等作了明确规定。

人格权编的重大发展和创新主要有以下几个方面。

1. 人格权编的《一般规定》一章确认了请求权，并详细规定了人格权受侵害后的救济方式，为人格权提供了严密的事前预防和事后救济的保护措施。

例如，人格权编明确规定，人格权人的停止侵害、排除妨碍、消除危险、消除影响、恢复名誉、赔礼道歉请求权不受诉讼时效限制。

又如，人格权编明确规定，民事主体有证据证明行为人正在实施或者即将实施侵害其人格权的违法行为，不及时制止将使其合法权益受到难以弥补的损害的，有权依法向人民法院申请采取责令行为人停止有关行为的措施。

再如，人格权编明确规定了出现违约与侵权责任竞合情况时，精神损害赔偿不受影响等制度。

2. 近年来，在人格权保护领域出现了人体基因编辑、性骚扰、深度伪造他人肖像、网络暴力等新情况新问题，引起各方广泛关注，人格权编对这些问题作了有针对性的规定。

例如，为规范人体基因编辑活动，人格权编明确规定，从事与人体基因、人体胚胎等有关的医学和科研活动的，应当遵守法律、行政法规和国家有关规定，不得危害人体健康，不得违背伦理道德，不得损害公共利益。该新增条款从立法的角度对医学和科研活动作出规制，划出了基因研究的道德底线，也体现了不得侵犯生命权、身体权和健康权的原则性要求。

又如，人格权编对利用深度伪造技术带来的"换脸"问题予以积极回应，明确禁止任何组织或者个人利用信息技术手段伪造等方式侵害他人的肖像权。同时，明确对自然人声音的保护参照适用上述规定。

再如，个人信息保护是当前公众关注的一个热点问题。随着信息技术的快速发展，因个人信息泄露引发的人肉搜索、网络暴力、电信诈骗等问题日益突出，有的甚至导致严重后果。民法典在个人信息保护方面作了一些规定，进一步强化对隐私权和个人信息的保护。

3. 人格权保护涉及复杂的法律关系，牵扯各方的利益。人格权编充分平衡各方利益，为民事主体提供了明确的行为规范，为司法机关提供了明确的裁判依据。

例如，人格权编明确规定，任何组织或者个人不得以丑化、污损、利用信息技术手段伪造等方式侵害他人的肖像权。同时，为了平衡保护肖像权和保护公共利益之间的关系，还规定了为个人学习、艺术欣赏等可以合理使用他人肖像权。

又如，人格权编第5章对名誉权加大了保护力度，同时也为正当的新闻舆论监督留出了空间。

再如，人格权编第6章对个人信息的保护，充分考虑了个人信息保护和信息自由流通之间的平衡等。

（选自《民法典人格权编的主要制度与创新》，《中国人大》2020年第15期，作者：石宏）

◎思考：

1. 人格权的内容是什么？

2. 近年来，在人格权保护领域出现了什么新情况？

3. 为了规范人体基因编辑活动，人格权编有哪些规定？

☞知识园地

《中华人民共和国民法典》概况

2020年5月28日，十三届全国人大三次会议表决通过了《中华人民共和国民法典》，将从2021年1月1日起实施。这标志着我国民事权利保护将进入全新的"民法典时代"。

民法典共7编，依次为总则编、物权编、合同编、人格权编、婚姻家庭编、继承编、侵权责任编，以及附则，共1260条，10万余字。正式实施后，现行的婚姻法、继承法、民法通则、收养法、担保法、合同法、物权法、侵权责任法、民法总则将同时废止。

（张建辉　画）

第八课　喜剧明星葛优的肖像权侵权案

☞**课文精读**

　　肖像是通过绘画、摄影、电影等艺术形式使自然人的外貌在物质载体上再现的视觉形象。肖像权，是指自然人对自己的肖像享有再现、使用或许可他人使用的权利。其载体包括人物画像、生活照、剧照等。

　　×××公司发布含有"葛优躺"图片的微博，演员葛优认为该行为侵犯了其肖像权，将×××公司诉至法院，要求其赔礼道歉并予以赔偿。一审法院支持了葛优的诉求，该公司不服，上诉至北京市第一中级人民法院。近日，北京市第一中级人民法院终审认定×××公司构成侵权，判决其赔偿葛优经济损失及合理支出7.5万元并赔礼道歉。

　　演员葛优曾在电视剧《我爱我家》中扮演纪春生，该角色在剧中将身体完全躺在沙发上的放松形象被称为"葛优躺"，成为2016年网络热传的形象。

（电视剧《我爱我家》剧照）

　　2016年7月25日，×××公司发布微博，文字内容包括直接使用"葛优躺"文字和在图片上标注文字，该微博共使用7幅葛优图片共18次。葛优认为该微博中提到"葛优"的名字，并非剧中人物名称，宣传内容为商业性使用，侵犯了其肖像权，遂将该公司诉至法院，要求其赔礼道歉并予以赔偿。

　　此后，×××公司于同年8月18日删除了上述微博。2016年12月7日，×××公司未经葛优审核同意，在其微博发布致歉信，葛优认为该致歉信中×××公司承认了侵权事实，但就此作出的致歉实际上是再次利用其进行商业宣传，致歉没有诚意。

　　一审法院经审理认为涉案微博侵犯了葛优的肖像权，×××公司应当承担法律责任，判令×××公司在其运营的微博公开发布致歉声明并赔偿葛优经济损失及维权合理支出共7.5万元。

　　判决后，×××公司不服，诉至北京市第一中级人民法院。该公司认为，一审法院不应判决其在微博中赔礼道歉，且赔偿数额过高。

　　北京一中院经审理后认为，该案争议焦点为一审法院判决×××公司在其微博中向葛优赔礼道歉是否适当，以及一审法院认定的赔偿数额是否适度。

　　关于一审法院判决×××公司在其微博中向葛优赔礼道歉是否适当，法院认为，"赔礼道歉"行为既是道德责任，也是法律责任，作为民事法律责任承担方式①，法律赋予了其强制性的力量；当赔礼道歉作为民事责任承担方式以法院判决的形式作出时，能够更有效地平息当事人之间的纷争，并对社会形成行为指引，其起到的社会效果、公示效果及法律效果与当事人在诉讼之外的道歉显然不同。因此，×××公司认为其诉讼之外的主动道歉等同于法院判决赔礼道歉的观点不能成立。本案中，×××公司确实发布了含有致歉内容的微博，但在葛优不认可该致歉微博且坚持要求法院判决赔礼道歉的情况下，法院认为，上述致歉微博不能达到相应的致歉效果。故在×××公司确实侵犯了葛优肖像权的情形下，一审法院判决×××公司在其微博上公开发布致歉声明并无不当。

关于一审法院认定的赔偿数额是否过高，法院认为，关于经济损失部分，葛优作为著名演员具有较高的社会知名度，其肖像已具有一定商业化利用价值，×××公司对葛优肖像权的侵害，必然导致葛优肖像中包含的经济性利益受损。

一审法院综合考虑葛优的知名度、侵权微博的热度和传播度、×××公司使用照片情况、主观过错程度以及可能造成的影响等因素，确定×××公司赔偿葛优经济损失的判决适当。

据此，北京一中院判决驳回上诉，维持原判。

（选自《北京青年报》，2018 年 2 月 25 日，作者：李铁柱）

☞**生词学习**

1. 肖像	xiàoxiàng	名	portrait
2. 自然人	zìránrén	名	natural person
3. 载体	zàitǐ	名	carrier
4. 视觉	shìjué	名	vision
5. 形象	xíngxiàng	名	image
6. 许可	xǔkě	动	permit
7. 剧照	jùzhào	名	stage photo
8. 发布	fābù	动	publish；issue；announce
9. 赔礼	péilǐ	动	apologize
10. 予以	yǔyǐ	动	give；grant
11. 不服	bùfú	动	refuse to obey；refuse to accept as final
12. 上诉	shàngsù	动	appeal
13. 终审	zhōngshěn	动	final judgment
14. 构成	gòuchéng	动	constitute；form；consist of
15. 侵权	qīnquán	动	infringe rights
16. 合理	hélǐ	形	rational；reasonable

---

①　根据《民法典》第一百七十九条的规定，承担民事责任的方式主要有：（一）停止侵害；（二）排除妨碍；（三）消除危险；（四）返还财产；（五）恢复原状；（六）修理、重作、更换；（七）继续履行；（八）赔偿损失；（九）支付违约金；（十）消除影响、恢复名誉；（十一）赔礼道歉。

17. 支出	zhīchū	名	expenditure
18. 角色	juésè	名	role
19. 躺	tǎng	动	lie；recline
20. 商业	shāngyè	名	commerce
21. 遂	suì	副	thereupon；hence；consequently
22. 利用	lìyòng	动	use；utilize；make use of
23. 诚意	chéngyì	名	sincerity
24. 审理	shěnlǐ	动	try；hear
25. 涉案	shè'àn	动	involved in the case
26. 承担	chéngdān	动	bear；undertake
27. 声明	shēngmíng	名	declaration；statement
28. 赋予	fùyǔ	动	give
29. 强制性	qiángzhìxìng	名	mandatory；coerciveness
30. 平息	píngxī	动	calm down；quiet down
31. 纷争	fēnzhēng	名	dispute
32. 效果	xiàoguǒ	名	effect
33. 观点	guāndiǎn	名	viewpoint
34. 成立	chénglì	动	establish
35. 坚持	jiānchí	动	insist
36. 不当	búdàng	形	unsuitable；improper；inappropriate
37. 知名度	zhīmíngdù	名	popularity
38. 必然	bìrán	形	inevitable；certain
39. 考虑	kǎolù	动	consider
40. 主观	zhǔguān	形	subjective
41. 因素	yīnsù	名	factor；element
42. 维持	wéichí	动	keep；maintain

☞ **语法训练**

1. ×度：适度、知名度、热度、传播度

语素"度"出现在动词、形容词、名词后，表示事物有关性质所达到的程度。

◆ 训练：理解下列词语，并填空。

新鲜度、清晰度、危险度、开放度、自由度

(1)中国政府决定进一步增加国内市场的_____。

(2)这些是上周的水果，_____不够。

(3)在加油站吸烟的_____很高。

(4)我喜欢这个工作，因为该工作有一定的_____。

(5)这个视频的_____不高，你再下载其他的吧。

2. 演员葛优认为该行为侵犯了<u>其</u>肖像权，将×××公司诉至法院，要求<u>其</u><u>赔礼道歉</u>并予以赔偿。

人称代词"其"回指上文所提到的人或单位，相当于"他(她、它)；他(她、它)们；他(她、它)的；他(她、它)们的"，例如：

①该案争议焦点为一审法院判决×××公司在其微博中向葛优赔礼道歉是否适当。

②葛优遂将该公司诉至法院，要求其赔礼道歉并予以赔偿。

③葛优作为著名演员具有较高的社会知名度，其肖像已具有一定商业化利用价值。

◆ 训练：用"其"改写下面的句子。

(1)中国政府决定进一步开放市场，增加市场活力。

_____

(2)生命中所发生的每一件事必有它的意义。

_____

(3)该公司老板和他的员工每天都坚持工作到晚上八点。

_____

3. 遂将该公司诉至法院，要求其赔礼道歉并<u>予以</u>赔偿。

"予以"在法律文本中很常见，意思是"给/给以"，其后的宾语可以是正面的，也可以是负面的。例如：

①国务院授权证券管理部门对符合本法规定条件的股票上市交易申请，予以批准。

②法院对已追缴的赃款人民币 500 元予以没收。

③上述协议，符合有关法律规定，海淀区人民法院予以确认。

④船舶非法悬挂中华人民共和国国旗航行的，由有关机关予以制止，处以罚款。

◆ 训练：用"予以"完成句子。

(1)不符合《商标法》有关规定的，商标局不予核准，_____。

(2)男女双方自愿恢复夫妻关系的，应到婚姻登记机关进行复婚登记，婚姻登记机关应_____。

(3)国务院证券管理部门对符合本法规定的发行公司债券的申请，_____。

4. 法院认为，赔礼道歉行为<u>既</u>是道德责任，<u>也</u>是法律责任。

"既……也/又……"表示并列关系，例如：

①他病了，既不想吃饭，也不想喝水。

②武汉的冬天既寒冷又潮湿。

③他既是我的爸爸，也是我的朋友。

◆ 训练：用"既……也……"完成句子。

(1)她_____又可爱。

(2)这个饭馆的菜_____，我们下次再也不来了。

(3)他_____，所以有很多朋友。

5. <u>关于</u>一审法院判决×××公司在其微博中向葛优赔礼道歉是否适当，法院认为，"赔礼道歉"行为既是道德责任，也是法律责任。

"关于"引进相关的人、事物、事件，例如：

①关于医学知识，我十分不了解。

②关于这个问题，我在后面还要详细说明。

③关于旅行的计划，我们还要商量一下。

◆ 训练：用"关于"完成句子。

(1)＿＿＿＿＿＿＿＿＿＿，我真的不想再说了。

(2)＿＿＿＿＿＿＿＿＿＿，你能给我一些建议吗？

(3)＿＿＿＿＿＿＿＿＿＿，中国政府出台了很多政策。

☞课后练习

一、理解下面含有语素"度"的词语的意思，选择合适的词语填空。

甜度、透明度、热情度、熟练度、难易度

(1)这次考试的＿＿＿＿适中，不简单也不太难。

(2)这些工人具有很高的＿＿＿＿，能很快完成这个任务。

(3)目前，中国政府机关的＿＿＿＿越来越高。

(4)你需要什么＿＿＿＿的奶茶？

(5)这条狗遇见不同的人，＿＿＿＿不一样。

二、复习本课生词，选择合适的词语填空。

发布、自然人、视觉、形象、许可、不服

(1)＿＿＿＿指在民事上能享受权利并承担相应义务的个人。

(2)气象台＿＿＿＿了暴风雨即将来临的信息。

(3)眼睛是人的＿＿＿＿器官。

(4)我们在公共场合要注意自己的＿＿＿＿。

(5)当事人＿＿＿＿判决，向上一级法院提起上诉。

(6)进入这个公司需要老板的＿＿＿＿。

上诉、终审、构成、角色、支出、合理

(1)＿＿＿＿指法院对案件的最后一级审判。

(2)他的行为违反了刑法，＿＿＿＿了犯罪。

(3)＿＿＿＿指的当事人不服第一审的判决或裁定，依法向上一级法院提请重新审理。

(4)经理拒绝了他的不＿＿＿＿要求。

(5)这位电影明星在很多电影中扮演"法官"＿＿＿＿。

(6)他每个月的收入很少，＿＿＿＿很大。

商业、利用、审理、涉案、承担、声明

(1)该案件的＿＿＿＿人员多达五十人。

(2)你必须为你的行为＿＿＿＿法律责任。

(3)这家公司在微博上发表了道歉＿＿＿＿。

(4)法院正在＿＿＿＿这个案件。

(5)一切＿＿＿＿活动必须在法律允许的范围内进行。

(6)_____风力发电，既可节约能源，又能保护环境。

维持、强制性、效果、观点、成立、坚持

(1)针对这种疾病，那种药的_____不好。

(2)关于这个问题，请告诉我你的_____。

(3)根据大量的事实，你的观点不_____。

(4)他_____每天跑步。

(5)税收具有无偿性、_____和固定性。

(6)这个案件经法院二审，_____原判。

不当、知名度、必然、考虑、主观、因素

(1)电影明星成龙在国际上有很高的_____。

(2)他学习非常努力，因此得到奖学金是_____结果。

(3)这只是你的_____想法，不是客观事实。

(4)政府制定政策需要考虑很多_____。

(5)他由于工作方法_____，给公司造成了很大的损失。

(6)他一直在_____要不要来中国留学。

三、用括号里的词语完成句子。

(1)_____，不能浏览他人手机中的照片。（许可）

(2)由于这家照相馆侵犯了我的肖像权，_____。（上诉）

(3)_____，一个月之后宣判。（审理）

(4)_____，所以每到月底就没钱了。（支出）

(5)要不要去这个公司工作，你得_____。（考虑）

四、用下面的词语造句。

(1)肖像权：

(2)利用：

(3)审理：

(4)承担：

(5)依法：

(6)维权：

(7)效果：

(8)驳回：

(9)成立：

(10)坚持：

五、根据课文内容，回答问题。

(1)葛优为何将×××公司诉至法院？

(2)关于此案，一审法院如何判决？

(3)接到一审判决后，×××公司为何提出上诉？

(4)对于×××公司的上诉，二审法院如何判决？

☞拓展阅读

网店侵犯肖像权被判赔偿

随着互联网经济的飞速发展，不少企业为增加销售额，在传统的销售模式之外，选择同时运营网络店铺销售商品。

为了吸引顾客，很多店家还会在网络店铺，上传与商品有关的短视频，但如果视频并非原创，就可能构成侵权行为。

近日，江苏宜兴法院就审结了这样一起肖像权纠纷案件。

宜兴市民薛某在丁蜀镇经营一家紫砂店铺，2018年6月29日，薛某在央视二套"回家吃饭"栏目中展示使用宜兴紫砂锅炖制红烧肉。播出后不久，薛某发现自己在这期美食节目中演示紫砂锅炖红烧肉的视频被展示在某宝店铺销售紫砂锅的页面，视频中薛某面部形象清晰可见。然而，薛某从未同意该店铺使用自己在美食节目中展示的个人形象。2019年9月，薛某以肖像权受侵害为由，将运营某宝店铺的A公司起诉至法院，要求公司停止侵权、赔礼道歉并赔偿损失。A公司应诉后，承认使用美食节目的视频未经电视台和薛某的同意，但提出薛某作为嘉宾参与美食节目，其在节目中的肖像权等权益已经自然让渡给电视台，薛某应该预料其在节目中的表演会被广泛、无偿地为社会大众所知悉，因此，A公司在运营的某宝店铺使用美食节目的视频，可能涉及侵害电视台的版权，但不构成侵害薛某的肖像权，故请求驳回薛某的诉讼请求。

经过审理，宜兴法院认为肖像权是自然人依法制作、使用、公开或者许可他人使用自己肖像的权利，肖像权作为一种绝对权，具有排除一切侵害行为的法律效力。本案中，薛某参加美食节目，应视为薛某许可节目制作方通过拍摄等方式使用其肖像，但该授权行为并不等同于薛某同样许可A公司在某宝店铺中使用载有薛某肖像的节目视频，并且法律也未规定自然人的肖像权因参加电视节目而让渡给节目制作方。另外，A公司在某宝店铺中使用载有薛某肖像的美食节目视频，显然是出于商业目的，该行为既未经肖像权人薛某的同意，亦未取得美食栏目的授权，A公司侵害肖像权的行为显然系故意所为。最终，法院认定A公司的行为构成侵害薛某的肖像权，判令A公司以书面方式向薛某赔礼道歉，并赔偿损失12000元。

判决后，当事人均未上诉。

法官认为，肖像权作为一种人格权，具有人格权共有的绝对性、专属性、排他性等特征，肖像权人对其肖像既享有依法制作、使用、公开或者许可他人使用的权利，也享有排除他人侵害的权利。随着信息技术手段的发展，肖像越来越容易被获取，肖像权也容易被他人以各种手段进行侵害。

2021年1月1日实施的《民法典》第一千零一十九条第一款规定：任何组织或者个人不得以丑化、污损，或者利用信息技术手段伪造等方式侵害他人的肖像权。未经肖像权人同意，不得制作、使用、公开肖像权人的肖像，但是法律另有规定的除外。

上述案件中，薛某受邀参加电视节目，应视为薛某许可电视节目制作方通过拍摄等方式使用自己的肖像。但电视节目制作方以外的主体对电视节目视频进行剪接后使用，如剪接后的视频中出现薛某可以被识别的外部形象，仍应取得肖像权人薛某的许可。

该案的判决对于规范人们合法制作和使用视频资料，避免侵害他人的合法权利具有一定的意义。

（选自《江南晚报》2020 年 11 月 17 日，作者：钱晋、陆亚琴）

◎思考：

1. 薛某以什么理由起诉 A 公司？

2. A 公司以什么理由请求法院驳回薛某的诉讼请求？

3. 法院最终如何判决？

☞知识园地

《民法典》中关于肖像权的规定

第一千零一十八条　自然人享有肖像权，有权依法制作、使用、公开或者许可他人使用自己的肖像。

肖像是通过影像、雕塑、绘画等方式在一定载体上所反映的特定自然人可以被识别的外部形象。

第一千零一十九条　任何组织或者个人不得以丑化、污损，或者利用信息技术手段伪造等方式侵害他人的肖像权。未经肖像权人同意，不得制作、使用、公开肖像权人的肖像，但是法律另有规定的除外。

未经肖像权人同意，肖像作品权利人不得以发表、复制、发行、出租、展览等方式使用或者公开肖像权人的肖像。

第一千零二十条　合理实施下列行为的，可以不经肖像权人同意：

（一）为个人学习、艺术欣赏、课堂教学或者科学研究，在必要范围内使用肖像权人已经公开的肖像；

（二）为实施新闻报道，不可避免地制作、使用、公开肖像权人的肖像；

（三）为依法履行职责，国家机关在必要范围内制作、使用、公开肖像权人的肖像；

（四）为展示特定公共环境，不可避免地制作、使用、公开肖像权人的肖像；

（五）为维护公共利益或者肖像权人合法权益，制作、使用、公开肖像权人的肖像的其他行为。

第一千零二十一条　当事人对肖像许可使用合同中关于肖像使用条款的理解有争议的，应当作出有利于肖像权人的解释。

第一千零二十二条　当事人对肖像许可使用期限没有约定或者约定不明确的，任何一方当事人可以随时解除肖像许可使用合同，但是应当在合理期限之前通知对方。

当事人对肖像许可使用期限有明确约定，肖像权人有正当理由的，可以解除肖像许可使用合同，但是应当在合理期限之前通知对方。因解除合同造成对方损失的，除不可归责于肖像权人的事由外，应当赔偿损失。

第一千零二十三条　对姓名等的许可使用，参照适用肖像许可使用的有关规定。

对自然人声音的保护，参照适用肖像权保护的有关规定。

第九课　新婚姻法的八个重大变化

☞课文精读

《中华人民共和国民法典》已于 2021 年 1 月 1 日起正式实施，这意味着我国进入了民法典的时代。在民法典正式实施之后，包括婚姻法在内的 9 部法律已经同时废止，而在民法典中专门设立了"婚姻家庭编"。但是，新的法律条文中有很多与原婚姻法不一样的规定，今天我们就一起来看看吧！

一、新增"离婚冷静期制度"

民法典中关于离婚增加了一项新的制度，即"离婚冷静期制度"。根据规定，男女双方申请协议离婚后，任一方在 30 天内都可以反悔撤回，同时在 30 天期满后，双方也要在 30 天内去申请领取离婚证，如果任一方不领取的，则视为申请撤回。

"离婚冷静期制度"是只针对去婚姻登记机关申请协议离婚的夫妻双方，而不针对去人民法院起诉离婚的夫妻，即诉讼离婚不受此限制，当事人随时可以向人民法院提起离婚诉讼。

二、扩大了夫妻双方的共同财产范围

在民法典中，关于夫妻双方在婚姻关系存续期的共同财产范围，新增加了"其他劳务报酬"和"投资的收益"这两项。

其他劳务报酬主要指个人在工作外独立从事各种劳务取得的报酬，比如兼职收入，即使未告知对方，也仍然属于夫妻共同财产。投资的收益是指投资公司股权、股票等的收益，但只限于婚后投资，另外要注意的是投资亏损也算共同亏损。

三、明确离婚时保护无过错方权益的原则

原婚姻法仅规定在离婚财产分割时，应当从照顾子女和女方权益的角度出发，并没有规定无过错原则，即使在离婚的时候，一方有过错也可以分到一半财产。

根据民法典新的规定，无过错方在离婚的时候不仅可要求赔偿，还可以申请多分财产。另外，无过错方要求赔偿的情形中，增加了"其他重大过错"一项，就是说除了对方出轨、家暴、虐待等，对方如果出现了其他过错，如吸毒、赌博、嫖娼等，无过错方也可以获得赔偿。

四、新增"离婚经济补偿制度"

民法典第一千零八十八条规定：夫妻一方因抚育子女、照料老年人、协助另一方工作

等负担较多义务的，离婚时有权向另一方请求补偿，另一方应当给予补偿。

这一规定，有助于社会形成热爱家庭、服务家庭、建设和谐美好家庭的新风尚。同时，对于家庭贡献大者来说，也更加公平。

五、男女双方分居满 1 年后，应当判决离婚

原婚姻法规定，第一次法院判决不准离婚的，起诉的一方要经过 6 个月后才能再次起诉离婚，而且再次起诉后也不一定能判离，如果对方无过错，想要起诉离婚很难。

民法典新增了一种法定应当准予离婚的情形，即经过人民法院判决不准离婚后，男女双方又分居满一年，一方再次提起离婚诉讼的，应当准予离婚。

这一新规定，在一定程度上降低了判决离婚的标准，避免了当事人多次离婚诉讼都不能判离的情况，给予了双方更多的离婚自由。

六、夫妻共同债务需要夫妻双方共同确认，避免一方"被负债"

民法典第一千零六十四条规定：夫妻双方共同签字或夫妻一方事后追认等共同意思表示①所负的债务，以及夫妻一方在婚姻关系存续期间以个人名义为家庭日常生活需要所负的债务，属于夫妻共同债务。

这一规定避免了夫妻一方在不知情的情形下，被另一方故意负债。对于一方在外偷偷欠债，或因一己私利故意制造债务，逼迫对方承担的，明确为个人债务，保护了夫妻另一方的合法权益。

七、增加婚内财产分割情形

原婚姻法规定分割夫妻共同财产，须离婚。

民法典第一千零六十六条规定：婚姻关系存续期间，有下列情形之一的，夫妻一方可以向人民法院请求分割共同财产：（一）一方有隐藏、转移、变卖、毁损、挥霍夫妻共同财产或者伪造夫妻共同债务等严重损害夫妻共同财产利益的行为；（二）一方负有法定扶养义务的人患重大疾病需要医治，另一方不同意支付相关医疗费用。

值得注意的是，民法典新增了"挥霍夫妻共同财产"的行为，比如发现对方有赌博、吸毒、嫖娼或其他有损害夫妻共同财产等行为时，可以主张婚内财产分割，向人民法院提起诉讼，请求分割夫妻共同财产。

八、患有重大疾病应在结婚前如实告知另一方

原婚姻法规定，患有医学上认为不应当结婚的疾病，禁止结婚，已经结婚的婚姻无效。不应当结婚的疾病通常指的是：（1）患有严重遗传性疾病，（2）患有指定传染病，

---

① "意思表示"指向外部表明意欲发生一定私法上效果的意思的行为。意思存于内心，是不能发生法律效果的。当事人要使自己的内心意思产生法律效果，就必须将意思表现于外部，即将意思发表。发表则须借助语言、文字或者表意的形体语汇。意思表示所发表的意思，是体现为私法效果的意思，亦即关于权利义务取得、丧失及变更的意思。

（3）患有有关精神病。

　　在新的民法典中，对此进行了重新规定，民法典规定一方患有严重疾病的应当在结婚登记前如实告知对方，不如实告知的，对方可以请求撤销该婚姻。

（选自"宝鸡女性"公众号文章《新婚姻法的 8 个重大变化，一起来看看》，2020 年 8 月 7 日）

☞生词学习

1.	正式	zhèngshì	形	formal
2.	废止	fèizhǐ	动	abolish
3.	冷静	lěngjìng	形	calm；sober
4.	双方	shuāngfāng	名	both sides；the two parties
5.	协议	xiéyì	动/名	agree on；agreement
6.	反悔	fǎnhuǐ	动	regret；go back on one's word
7.	撤回	chèhuí	动	withdraw
8.	领取	lǐngqǔ	动	draw；get；receive
9.	针对	zhēnduì	动	be directed against；be aimed at
10.	登记	dēngjì	动	register；check in
11.	起诉	qǐsù	动	sue；prosecute
12.	限制	xiànzhì	动	restrict；limit
13.	随时	suíshí	副	at any time；at all times
14.	扩大	kuòdà	动	expand；enlarge
15.	存续期	cúnxùqī	名	duration
16.	劳务	láowù	名	labour service
17.	报酬	bàochóu	名	reward；remuneration；pay
18.	投资	tóuzī	动	invest
19.	收益	shōuyì	名	income；proceeds；profit；earnings
20.	兼职	jiānzhí	动	hold two or more posts concurrently
21.	亏损	kuīsǔn	动	loss；deficit
22.	无过错方	wúguòcuòfāng		innocent party；unerring party
23.	分割	fēngē	动	cut apart；break up
24.	情形	qíngxíng	名	circumstances；situation；state of affairs
25.	出轨	chūguǐ	动	derail
26.	家暴	jiābào	名	domestic violence
27.	赌博	dǔbó	动	gamble
28.	嫖娼	piáochāng	动	visit prostitutes
29.	负担	fùdān	动/名	burden
30.	补偿	bǔcháng	动	compensate；make up for
31.	有助于	yǒuzhùyú	动	be conducive to
32.	风尚	fēngshàng	名	prevailing custom

33. 贡献	gòngxiàn	动/名	contribute；dedicate；contribution
34. 法定	fǎdìng	形	statutory；legal
35. 准予	zhǔnyǔ	动	grant；approve；permit
36. 分居	fēnjū	动	live apart
37. 避免	bìmiǎn	动	avoid
38. 债务	zhàiwù	名	debt
39. 逼迫	bīpò	动	force；compel
40. 挥霍	huīhuò	动	spend lavishly；spend freely；squander
41. 伪造	wěizào	动	forge；falsify；counterfeit；fabricate
42. 损害	sǔnhài	动	impair；harm；damage
43. 主张	zhǔzhāng	动	advocate；stand for
44. 传染病	chuánrǎnbìng	名	infectious disease
45. 撤销	chèxiāo	动	cancel；withdraw

☞**语法训练**

1. ×方：一方、双方、对方

语素"方"的意思是"方面"。

◆ 训练：理解下列词语，并填空。

甲方、乙方、第三方、双方、对方

(1)这份合同需要_____和_____共同签字。

(2)这套房子属于夫妻_____的共同财产。

(3)支付宝、微信钱包属于_____支付方式。

(4)这场次赛，_____是英国足球队。

2. 民法典中关于离婚增加了一项新的制度，即"离婚冷静期制度"。

"离婚冷静期制度"是只针对去婚姻登记机关申请协议离婚的夫妻双方，而不针对去人民法院起诉离婚的夫妻，即诉讼离婚不受此限制，当事人随时可以向人民法院提起离婚诉讼。

"即"的意思是"就是"，后面的句子往往是对前文的进一步解释，例如：

①在西方，教育一词源于拉丁文 Educare，本义为引出，即教育指引导儿童使之得到完满的发展。

②广义的社会教育开始逐步地分化为三种独立的教育形态，即学校教育、家庭教育和狭义的社会教育。

③12~13 岁的少年儿童大脑平均重量已和成人差不多了，即达到 1400 克。

◆ 训练：用"即……"完成句子。

(1)他的听力课老师，_____，是一位非常认真负责的人。

(2)武汉的特色小吃，_____，是我最喜欢吃的食物。

(3)每个人最终都会走向生命的尽头，即_____。

3. 根据民法典新的规定，无过错方在离婚的时候<u>不仅</u>可要求赔偿，<u>还</u>可以申请多分财产。

"不仅……还……"表示递进关系，例如：

①小明不仅会唱歌，还会画画。

②他的成绩不仅是全班最高，还是全校最高。

③今天的天气不仅热，还非常潮湿。

◆ 训练：用"不仅……还……"完成句子。

(1)他不仅是一个医生，＿＿＿＿＿＿＿＿＿＿。

(2)他在中国不仅学会了汉语，＿＿＿＿＿＿＿＿＿＿。

(3)＿＿＿＿＿＿＿＿＿＿，还当上了经理。

4. 夫妻一方因抚育子女、照料老年人、协助另一方工作等负担较多义务的，离婚时<u>有权</u>向另一方请求补偿，另一方应当给予补偿。

"有权……"是立法语言中的常见句式，指出法律赋予公民或国家机关的某种权利，意思是"有权利去做某事"。其否定形式为"无权……"例如：

①偿还债务超过自己应当承担份额的按份共有人，有权向其他共有人追偿。

②一方在对方履行债务不符合约定时，有权拒绝其相应的履行请求。

③自然人享有肖像权，有权依法制作、使用、公开或者许可他人使用自己的肖像。

④给付定金的一方不履行债务或者履行债务不符合约定，致使不能实现合同目的的，无权请求返还定金。

⑤新增建筑物所得的价款，抵押权人无权优先受偿。

◆ 训练：上网查找《民法典》，以"有权/无权"为关键词检索并完成下列句子。

(1)人格权受到侵害的，受害人＿＿＿＿＿＿＿＿＿＿＿＿＿＿＿＿＿。

(2)自然人享有姓名权，＿＿＿＿＿＿＿＿＿＿＿＿＿＿＿＿＿＿。

(3)修复后的建设工程经验收不合格的，承包人＿＿＿＿＿＿＿＿＿＿＿＿。

5. 这一规定，有助于社会形成热爱家庭、服务家庭、建设和谐美好家庭的新风尚。

"有助于……"意思是"对……有帮助"，类似的词语还有"有利于、有益于"等，例如：

①跑步有助于保持健康。

②看中文电影有助于提高汉语听力水平。

③多吃水果和蔬菜有助于减肥。

◆ 训练：用"有助于/有利于/有益于……"完成句子。

(1)认真完成作业＿＿＿＿＿＿＿＿＿＿。

(2)这部法律的实施＿＿＿＿＿＿＿＿＿＿。

(3)通过这个考试＿＿＿＿＿＿＿＿＿＿。

☞**课后练习**

一、理解下面含有语素"方"的词语的意思，选择合适的词语填空。

双方、对方、第三方、校方、医院方、多方

(1)法院认为这次医疗事故的责任不在_____。

(2)经过半年的谈判，_____终于在合作协议上签字。

(3)他们夫妻双方都认为离婚是_____的责任。

(4)产品质量需要_____公司进行检测。

(5)5G通信技术能够帮助人们实现_____网络视频会议。

(6)_____接受了学生会提出的建议。

二、复习本课生词，选择合适的词语填空。

正式、冷静、协议、反悔、撤回、针对

(1)遇到火灾、地震，我们一定要保持_____。

(2)经过几天的讨论，他们达成了一项_____。

(3)_____这个问题，国家出台了新的法律。

(4)我们已经签了合同，你如果_____，请支付违约金。

(5)找工作面试的时候，我们要穿_____的衣服。

(6)微信有_____信息的功能，如果发错了信息，在两分钟内可以取消。

登记、领取、限制、随时、扩大、报酬

(1)如果有问题，_____给我打电话。

(2)经过多年的发展，这个工厂_____了几倍。

(3)由于这部法律，政府的权力得到了_____。

(4)请到办公室_____工资。

(5)完成这个任务，小张获得了1000元_____。

(6)住酒店前要在前台用身份证或护照_____。

投资、收益、兼职、亏损、情形、家暴

(1)具体_____不同，适用的法条也不同。

(2)为了预防和制止_____，国家出台了《中华人民共和国反家庭暴力法》。

(3)为了挣钱，他下课以后在麦当劳_____。

(4)改革开放以后，许多外企在中国_____。

(5)由于管理和技术落后，这家公司今年出现了巨大_____。

(6)这个项目_____很大，所以吸引了很多公司投资。

有助于、贡献、准予、避免、伪造、主张

(1)_____人民币是犯罪行为。

(2)为了灭火救人，三个消防员_____出了自己的生命。

(3)每天坚持跑步_____身体健康。

(4)王小明等15名学生成绩合格，_____毕业。

(5)关于专业选择，爸爸_____我学习法律专业。

(6)我们要做好准备，_____发生最坏的结果。

三、指出下列句子的错误，并改正。

(1)她不是漂亮，还很有钱。

_____

(2)他不仅是我的老师，而是我最好的朋友。

_____

四、用括号里的词语完成句子。

(1)明天你要出席学术会议，应该穿_____。（正式）

(2)_____，可以到民政部门撤回离婚申请。（反悔）

(3)_____，政府出台了一些新的法律法规。（针对）

(4)由于技术落后、管理不善，这家工厂_____。（亏损）

(5)每个人应该遵守交通规则，_____。（避免）

五、用下面的词语造句。

(1)正式：

(2)废止：

(3)针对：

(4)登记：

(5)起诉：

(6)随时：

(7)投资：

(8)避免：

(9)伪造：

(10)损害：

六、根据课文内容，回答问题。

(1)民法典中，夫妻双方的共同财产范围增加了哪些内容？

(2)民法典中"离婚经济补偿制度"的意义是什么？

(3)根据民法典，有哪些情形可以请求婚内分割财产？

☞拓展阅读

《中华人民共和国民法典·婚姻家庭编》选读

第五编 婚姻家庭

第一章 一般规定
第二章 结婚
第三章 家庭关系
第四章 离婚
第五章 收养

第二章　结婚

第一千零四十六条　结婚应当男女双方完全自愿，禁止任何一方对另一方加以强迫，禁止任何组织或者个人加以干涉。

第一千零四十七条　结婚年龄，男不得早于二十二周岁，女不得早于二十周岁。

第一千零四十八条　直系血亲或者三代以内的旁系血亲禁止结婚。

第一千零四十九条　要求结婚的男女双方应当亲自到婚姻登记机关申请结婚登记。符合本法规定的，予以登记，发给结婚证。完成结婚登记，即确立婚姻关系。未办理结婚登记的，应当补办登记。

第一千零五十条　登记结婚后，按照男女双方约定，女方可以成为男方家庭的成员，男方可以成为女方家庭的成员。

第一千零五十一条　有下列情形之一的，婚姻无效：

（一）重婚；

（二）有禁止结婚的亲属关系；

（三）未到法定婚龄。

第一千零五十二条　因胁迫结婚的，受胁迫的一方可以向人民法院请求撤销婚姻。

请求撤销婚姻的，应当自胁迫行为终止之日起一年内提出。

被非法限制人身自由的当事人请求撤销婚姻的，应当自恢复人身自由之日起一年内提出。

第一千零五十三条　一方患有重大疾病的，应当在结婚登记前如实告知另一方；不如实告知的，另一方可以向人民法院请求撤销婚姻。

请求撤销婚姻的，应当自知道或者应当知道撤销事由之日起一年内提出。

第一千零五十四条　无效的或者被撤销的婚姻自始没有法律约束力，当事人不具有夫妻的权利和义务。同居期间所得的财产，由当事人协议处理；协议不成的，由人民法院根据照顾无过错方的原则判决。对重婚导致的无效婚姻的财产处理，不得侵害合法婚姻当事人的财产权益。当事人所生的子女，适用本法关于父母子女的规定。

婚姻无效或者被撤销的，无过错方有权请求损害赔偿。

（选自《中华人民共和国民法典·婚姻家庭编》）

◎思考：

1. 民法典对结婚年龄如何规定？

2. 民法典规定哪些情形属于婚姻无效？

3. 哪些情况可以去人民法院请求撤销婚姻？

☞知识园地

抚养权相关知识

抚养权是指父母对其子女的一项人身权利，抚养有婚生的抚养与非婚生的抚养之分。

拥有该权利的一方或双方，在子女成年之前，有权决定是否与子女共同生活，该权利在子女成年时即消灭。

夫妻离婚，一般也会导致夫妻其中一方失去抚养权。失去抚养权的一方将失去与子女共同生活的权利。不过，失去抚养权的一方仍然会享有探视权，可以在约定或裁判的时间内定期探视子女，与子女进行相对短暂的相处。

离婚时抚养权的归属，可以双方协商，一旦协商不成，则需由法院判决。法院判决抚养权归属，一般根据有利于子女成长原则进行：主要考虑以下因素：夫妻双方的学历、工作、收入、年龄、家庭环境、子女的年龄等。

夫妻离婚后的任何时间内，一方或双方的情况或抚养能力发生较大变化，均可提出变更子女抚养权的要求。变更子女抚养权一般先由双方协商确定，如协议不成，可通过诉讼请求人民法院判决变更。有下列情形之一的，人民法院应予支持：

1. 与子女共同生活的一方因患严重疾病或因伤残无力继续抚养子女的。

2. 与子女共同生活的一方不尽抚养义务或有虐待子女行为，或其与子女共同生活对子女身心健康确有不利影响的。

3. 十周岁以上未成年子女，愿随另一方生活，该方又有抚养能力的。

4. 有其他正当理由需要变更的。

5. 根据以上规定，只要具有上述任意一个条件，即可向人民法院申请变更抚养权。

离婚后，孩子由谁抚育，应从有利于孩子健康成长的角度考虑，在这个前提下，夫妻离婚时可以协商确定，协商不成，可由人民法院判决。

第十课　民法典为何要规定"离婚冷静期"

☞ 课文精读

一提到离婚，很多人都无法冷静。

民法典第一千零七十七条规定："自婚姻登记机关收到离婚登记申请之日起三十日内，任何一方不愿意离婚的，可以向婚姻登记机关撤回离婚登记申请。前款规定期限届满后三十日内，双方应当亲自到婚姻登记机关申请发给离婚证；未申请的，视为撤回离婚登记申请。"这一规定中的 30 天时限，即社会热议的"离婚冷静期"。

据了解，世界上很多国家有离婚冷静期的规定，只是名称有所不同。比如英国叫离婚反省期、法国叫离婚考虑期、韩国叫离婚熟虑期、美国叫离婚等候期等。其目的是降低离婚率，对婚姻的瓦解起到一个缓冲作用。

我国民法典为何要规定离婚冷静期？"这一规定，主要针对的是目前社会上经常发生的'闪婚闪离'，尤其是'冲动离婚'现象。比如，有的夫妻早上打架下午就去离婚。为了减少这种现象，民法典就从制度上进行了设计。"清华大学法学院教授龙俊说。

在民法典编纂过程中，有专家认为，自 2001 年婚姻法修改以来，我国的协议离婚中出现了很多突出问题。比如，离婚率呈现持续上升趋势，协议离婚比例逐渐提高，尤其是离婚当事人婚龄短，冲动型、轻率型离婚数量增加。

为防止轻率离婚，一些全国人大代表、全国政协① 委员纷纷提出议案，建议修改法律，解决此类问题。对此，全国人大立法部门十分重视，进行了深入调查，在形成"民法典婚姻家庭编征求意见稿"时，就增加了离婚冷静期的规定。

在民法典编纂过程中，有关离婚冷静期的规定一直存在较大争议。"婚姻自由和家庭至上这两种价值观，一直有碰撞。"龙俊说，"学界对此也有两种不同的观点。一种观点认为，由于举证难度大，我国诉讼离婚太难，希望立法能对我国离婚制度进行宽松化调整，使离婚更加容易。另一种观点则认为离婚太容易，感情破裂就可以离婚的规定太宽松，应该适当限制，从而增强家庭的稳定性。"

如何正确理解民法典对离婚的态度？龙俊说："民法典对离婚问题的态度就是，通过设立离婚冷静期给有挽救可能性的婚姻多一次挽救的机会。同时，对于真正已经失去挽救可能性的婚姻，该判离的时候就应果断判离。总体上看，民法典实际上对离婚采取的是非

---

① "全国政协"是中国人民政治协商会议全国委员会(National Committee for the Chinese People's Political Consultative Conference)的简称，由中国共产党、各民主党派、无党派人士、人民团体、各少数民族和各界的代表，香港特别行政区同胞、澳门特别行政区同胞、台湾同胞和归国侨胞的代表以及特别邀请的人士组成，每届任期 5 年。

常温和的态度，还是坚持了婚姻自由，仅仅只是对冲动离婚增加了一个程序性的小限制。如果夫妻双方都是很冷静地想离婚，即使有了离婚冷静期的规定，除了要去两次婚姻登记机关以外，基本不会有实质性的影响。"

此外，公众很关注"冷静期规定是否不利于保护受家暴当事人"这一问题。民政部近日也作出回应："对于有家暴情形的，当事人可向法院起诉离婚。起诉离婚不适用离婚冷静期制度。因此，冷静期的规定不会妨碍保护遭受家暴的当事人。"

有了离婚冷静期，意味着申请协议离婚的当事人应当冷静、理智地对自己的婚姻状况和今后的生活进行充分考虑，考虑是否以离婚方式解决夫妻矛盾，考虑离婚对自身、对子女、对双方家庭、对社会的利弊，避免冲动行为。

离婚冷静期不仅是对夫妻双方的感情进行检视的机会，而且是对婚姻存续期间财产安排、儿女照顾，尤其是未成年子女抚养探视协议进行考察的机会，从而让婚姻中的夫妻双方冷静协商，合理解决婚姻内存在的各种各样的问题。

（选自《法治日报》2020 年 12 月 15 日，作者：朱宁宁）

☞**生词学习**

1. 愿意	yuànyì	动	be willing to
2. 前款	qiánkuǎn	名	preceding paragraph；preceding clause
3. 届满	jièmǎn	动	expire
4. 亲自	qīnzì	副	personally
5. 视为	shìwéi	动	regard；consider as
6. 热议	rèyì	动	heated debate
7. 反省	fǎnxǐng	动	introspection；self-questioning
8. 离婚率	líhūnlǜ	名	divorce rate
9. 瓦解	wǎjiě	动	disintegrate；collapse；breakdown
10. 缓冲	huǎnchōng	动	buffer；cushion
11. 尤其	yóuqí	副	especially；particularly
12. 打架	dǎjià	动	fight
13. 突出	tūchū	形	prominent
14. 呈现	chéngxiàn	动	present；appear；emerge
15. 比例	bǐlì	名	proportion
16. 冲动	chōngdòng	形	get excited；be impetuous
17. 轻率	qīngshuài	形	rash；hasty
18. 征求	zhēngqiú	动	solicit；seek；ask for
19. 意见稿	yìjiàngǎo	名	draft
20. 存在	cúnzài	动	exist
21. 争议	zhēngyì	名	dispute
22. 碰撞	pèngzhuàng	动	collide
23. 举证	jǔzhèng	动	put to the proof

24.	宽松	kuānsōng	形	loose
25.	破裂	pòliè	动	break；fracture
26.	限制	xiànzhì	动	restrict；limit
27.	态度	tàidù	名	attitude
28.	挽救	wǎnjiù	动	save；remedy；rescue
29.	同时	tóngshí	名	meanwhile
30.	果断	guǒduàn	形	resolute；decisive
31.	温和	wēnhé	形	mild；moderate
32.	实质	shízhì	名	essence
33.	公众	gōngzhòng	名	the public
34.	不利于	búlìyú	动	go against；to the disadvantage of
35.	适用	shìyòng	形	suitable for use
36.	妨碍	fáng'ài	动	hamper；obstruct
37.	理智	lǐzhì	形	reason；intellect
38.	充分	chōngfèn	形	full；abundant；sufficient
39.	解决	jiějué	动	solve；resolve；settle
40.	矛盾	máodùn	名	contradiction
41.	利弊	lìbì	名	advantages and disadvantages
42.	检视	jiǎnshì	动	review
43.	探视	tànshì	动	visit
44.	协商	xiéshāng	动	consult

☞**语法训练**

1. X 型：冲动型、轻率型

语素"型"的意思是"类型"。

如果 X 为名词，"名词+型"表示名词所指称事物的类型，例如：

房型、脸型、血型、体型

如果 X 为形容词或动词，"形容词/动词+型"表示具有某种属性、特点的类型，例如：

小型、大型、巨型、内向型、创新型

◆ 训练：理解下列词语，并填空。

车型、房型、大型、小型、血型、创新型

(1)随着中国汽车工业的发展，中国生产的_____越来越多。

(2)这台_____笔记本电脑适合带在火车上使用。

(3)这个新小区的_____很多，你一定可以找到你喜欢的。

(4)位于湖北省宜昌市的三峡水电站是一个_____水电站。

(5)这是一家_____公司，发明了许多新技术。

(6)你知道你自己的_____吗?

2. 这一规定，主要针对的是目前社会上经常发生的"闪婚闪离"，<u>尤其</u>是"冲动离婚"现象。

协议离婚比例逐渐提高，<u>尤其是</u>离婚当事人婚龄短，冲动型、轻率型离婚数量增加。

离婚冷静期不仅是对夫妻双方的感情进行检视的机会，而且是对婚姻存续期间财产安排、儿女照顾，<u>尤其是</u>未成年子女抚养探视协议进行考察的机会。

"尤其"是副词，其引导的分句是在前一个分句的基础上作进一步述说，两个分句之间有递进关系。"尤其+是"类句式很常见。例如：

①他喜欢中国菜，尤其是宫保鸡丁。

②他喜欢北京的四季，尤其是秋天。

③他常常看电影，尤其是美国电影。

◆ 训练：用"尤其是"完成句子。

(1)她的汉语水平很高，＿＿＿＿＿＿＿＿＿＿＿。

(2)他想去国外留学，＿＿＿＿＿＿＿＿＿＿＿。

(3)他对很多种运动感兴趣，＿＿＿＿＿＿＿＿＿＿＿。

3. <u>自</u>婚姻登记机关收到离婚登记申请之日<u>起</u>三十日内，任何一方不愿意离婚的，可以向婚姻登记机关撤回离婚登记申请。

<u>自</u> 2001 年婚姻法修改<u>以来</u>，我国的协议离婚中出现了很多突出问题。

"自……起"描述某个事件开始发生的时间，为后续事件提供一个时间起点；"自……以来"表示从过去某个时间点到现在为止的时间段，后续事件在这个时间段内发生。例如：

①自"醉驾入刑"以来，交通事故的发生率逐渐下降。

②自他到中国留学以来，认识了许多新朋友。

③自他到中国留学起，就开始自学中医。

◆ 训练：用"自……起/以来"完成句子。

(1)＿＿＿＿＿＿＿＿＿＿＿，中国民法典正式施行。

(2)＿＿＿＿＿＿＿＿＿＿＿，他长胖了 10 斤。

(3)＿＿＿＿＿＿＿＿＿＿＿，他开始学习俄语。

☞课后练习

一、理解下面含有语素"型"的词语的意思，选择合适的词语填空。

资源节约型、题型、轻型、发型、脸型、外向型

(1)这次期末考试有四种＿＿＿＿＿＿＿。

(2)她昨天去理发店剪了一个新＿＿＿＿＿＿＿。

(3)他是＿＿＿＿＿＿＿性格，所以身边有很多朋友。

(4)中国正在建设＿＿＿＿＿＿＿社会。

(5)这种＿＿＿＿＿＿＿飞机可以在水面上起飞或降落。

(6)她的＿＿＿＿＿＿＿像一个苹果。

二、复习本课生词，选择合适的词语填空。

视为、利弊、亲自、热议、离婚率、尤其

(1)近年来，中国大城市的_____逐渐升高。

(2)我们在做决定之前要认真分析_____。

(3)环境保护问题引起社会各界的_____。

(4)小王喜欢运动，_____是游泳。

(5)为了提高生产率，老板_____到工厂参加劳动。

(6)在中国，打太极拳被老年人_____一种健身的好方法。

比例、冲动、妨碍、协商、同时、宽松

(1)请把电视声音调小一点儿，不要_____我看书。

(2)这件衣服我穿太_____了，我想换一件小点儿的。

(3)经过开会_____，他们终于签订了合同。

(4)在这个大学，有博士学位的老师_____越来越高。

(5)作为学生，我们应该好好学习，_____，还应该积极锻炼身体。

(6)_____的时候不要做决定。

限制、存在、举证、破裂、态度、挽救

(1)这位医生_____了许多病人的生命。

(2)夫妻二人如果感情_____，可以协议离婚。

(3)这个案件_____很难，因此一直没有结案。

(4)汽车在市内行驶要_____速度。

(5)这家饭馆服务员的_____很好，我们还会再去的。

(6)你学习汉语的方法_____很多问题，所以汉语水平提高很慢。

温和、公众、不利于、适用、充分、解决

(1)_____都很关注政府的医疗保险政策。

(2)这本《法律汉语》教材_____于通过 HSK 四级的留学生。

(3)我们要努力_____这个问题。

(4)他的性格很_____，从来不生气。

(5)吸烟_____健康。

(6)这次期末考试很难，同学们要做好_____的准备。

三、用括号里的词语完成句子。

(1)如果你想品尝地道的热干面，_____。（亲自）

(2)我非常喜欢吃水果，_____。（尤其）

(3)由于_____，我们暂时停止这个方案。（争议）

(4)_____，可以去民政部门提出离婚申请。（矛盾）

(5)为了_____，工程师们工作到深夜。（解决）

四、用下面的词语造句。

(1)冷静：

(2)亲自：

(3)开展：

(4)探视：

(5)视为：

(6)存在：

(7)适用：

(8)态度：

(9)解决：

(10)协商：

五、根据课文内容，回答问题。

(1)中国民法典为何要规定"离婚冷静期"？

(2)离婚冷静期能否保护受家暴当事人？

(3)如何正确理解民法典对离婚的态度？

☞拓展阅读

《中华人民共和国民法典·婚姻家庭编》选读

第五编　婚姻家庭
第一章　一般规定
第二章　结婚
第三章　家庭关系
第四章　离婚
第五章　收养

第四章　离婚

第一千零七十六条　夫妻双方自愿离婚的，应当签订书面离婚协议，并亲自到婚姻登记机关申请离婚登记。

离婚协议应当载明双方自愿离婚的意思表示和对子女抚养、财产以及债务处理等事项协商一致的意见。

第一千零七十七条　自婚姻登记机关收到离婚登记申请之日起三十日内，任何一方不愿意离婚的，可以向婚姻登记机关撤回离婚登记申请。

前款规定期限届满后三十日内，双方应当亲自到婚姻登记机关申请发给离婚证；未申请的，视为撤回离婚登记申请。

第一千零七十八条　婚姻登记机关查明双方确实是自愿离婚，并已经对子女抚养、财产以及债务处理等事项协商一致的，予以登记，发给离婚证。

第一千零七十九条　夫妻一方要求离婚的，可以由有关组织进行调解或者直接向人民法院提起离婚诉讼。

人民法院审理离婚案件，应当进行调解；如果感情确已破裂，调解无效的，应当准予离婚。

有下列情形之一，调解无效的，应当准予离婚：

（一）重婚或者与他人同居；

（二）实施家庭暴力或者虐待、遗弃家庭成员；

（三）有赌博、吸毒等恶习屡教不改；

（四）因感情不和分居满二年；

（五）其他导致夫妻感情破裂的情形。

一方被宣告失踪，另一方提起离婚诉讼的，应当准予离婚。

经人民法院判决不准离婚后，双方又分居满一年，一方再次提起离婚诉讼的，应当准予离婚。

第一千零八十条　完成离婚登记，或者离婚判决书、调解书生效，即解除婚姻关系。

第一千零八十一条　现役军人的配偶要求离婚，应当征得军人同意，但是军人一方有重大过错的除外。

第一千零八十二条　女方在怀孕期间、分娩后一年内或者终止妊娠后六个月内，男方不得提出离婚；但是，女方提出离婚或者人民法院认为确有必要受理男方离婚请求的除外。

第一千零八十三条　离婚后，男女双方自愿恢复婚姻关系的，应当到婚姻登记机关重新进行结婚登记。

第一千零八十四条　父母与子女间的关系，不因父母离婚而消除。离婚后，子女无论由父或者母直接抚养，仍是父母双方的子女。

离婚后，父母对于子女仍有抚养、教育、保护的权利和义务。

离婚后，不满两周岁的子女，以由母亲直接抚养为原则。已满两周岁的子女，父母双方对抚养问题协议不成的，由人民法院根据双方的具体情况，按照最有利于未成年子女的原则判决。子女已满八周岁的，应当尊重其真实意愿。

第一千零八十五条　离婚后，子女由一方直接抚养的，另一方应当负担部分或者全部抚养费。负担费用的多少和期限的长短，由双方协议；协议不成的，由人民法院判决。

前款规定的协议或者判决，不妨碍子女在必要时向父母任何一方提出超过协议或者判决原定数额的合理要求。

第一千零八十六条　离婚后，不直接抚养子女的父或者母，有探望子女的权利，另一方有协助的义务。

行使探望权利的方式、时间由当事人协议；协议不成的，由人民法院判决。

父或者母探望子女，不利于子女身心健康的，由人民法院依法中止探望；中止的事由消失后，应当恢复探望。

第一千零八十七条　离婚时，夫妻的共同财产由双方协议处理；协议不成的，由人民法院根据财产的具体情况，按照照顾子女、女方和无过错方权益的原则判决。

对夫或者妻在家庭土地承包经营中享有的权益等，应当依法予以保护。

第一千零八十八条　夫妻一方因抚育子女、照料老年人、协助另一方工作等负担较多义务的，离婚时有权向另一方请求补偿，另一方应当给予补偿。具体办法由双方协议；协议不成的，由人民法院判决。

第一千零八十九条 离婚时，夫妻共同债务应当共同偿还。共同财产不足清偿或者财产归各自所有的，由双方协议清偿；协议不成的，由人民法院判决。

第一千零九十条 离婚时，如果一方生活困难，有负担能力的另一方应当给予适当帮助。具体办法由双方协议；协议不成的，由人民法院判决。

第一千零九十一条 有下列情形之一，导致离婚的，无过错方有权请求损害赔偿：

（一）重婚；

（二）与他人同居；

（三）实施家庭暴力；

（四）虐待、遗弃家庭成员；

（五）有其他重大过错。

第一千零九十二条 夫妻一方隐藏、转移、变卖、毁损、挥霍夫妻共同财产，或者伪造夫妻共同债务企图侵占另一方财产的，在离婚分割夫妻共同财产时，对该方可以少分或者不分。离婚后，另一方发现有上述行为的，可以向人民法院提起诉讼，请求再次分割夫妻共同财产。

（选自《中华人民共和国民法典·婚姻家庭编》）

◎**思考：**

1. 离婚协议的内容有哪些？

2. 什么情况可以提起离婚诉讼？

3. 离婚后，父母对子女有哪些义务？

☞**知识园地**

夫妻共同债务的范围

1. 家庭共同生活所负的债务

夫妻为了维持正常的家庭共同生活包括家庭的衣、食、住、行、教育、医疗等方面所负的债务。在日常生活中，主要包括：购置家庭生活用品所负债务；购买、装修共同居住的住房所负的债务；夫妻一方或双方为治疗疾病支付医疗费用所负的债务；从事双方同意的文化教育、文娱体育活动所负的债务；婚前一方贷款购置的住房等财物已转化为夫妻共同财物的，为购置财物所负的债务；以及其他发生在日常生活中的应由双方共同负担的债务。

2. 从事生产、经营所负的债务

因从事生产、经营所负债务包括从事工商业或农村承包经营所负的债务，购买生产资料所负的债务，共同从事投资或者其他金融活动所负的债务，以及在这些生产、经营活动中欠缴的税款等。不论债务最初由谁借的，以谁的名义借的，只要所生债务是因夫妻共同经营所致，则为夫妻共同债务。

3. 因履行抚养、赡养义务所负的债务

夫妻各自因为履行其应尽的抚养、赡养、扶养的法定义务，比如为必须予以抚养、赡养、扶养的亲属支付生活费、医疗费、教育费等而负下债务，此种债务因属于履行法定义务所形成，因而属于夫妻共同债务，应由夫妻共同承担。

4. 为支付夫妻一方或双方的教育、培训费用所负的债务

婚姻关系存续期间夫妻一方或者双方为了自身更好的发展等原因参加教育、培训需要支付费用负债的，认定为夫妻共同债务。

5. 为支付正当必要的社会交往费用所负的债务

婚姻关系存续期间夫妻一方或者双方在生活交往中为支付正当必要的社会交往费用而负债的，认定为夫妻共同债务，如参加婚礼等"随份子"就属于常见的一种形式。

6. 夫妻协议约定为共同债务的债务

夫妻之间可以通过双方约定划分婚姻关系期间的债务，此时共同债务和个人债务的划分优先适用约定。此时，只要是夫妻约定为共同债务的在不侵害债权人的前提下均认定为共同债务。

第十一课　知识产权案例简况两则

☞课文精读

一、"QQ企鹅"因恶意提起知识产权诉讼损害责任纠纷案

深圳市腾讯计算机系统有限公司与谭××因恶意提起知识产权诉讼损害责任纠纷案〔广东省高级人民法院(2019)粤民终407号民事判决书〕

【案情摘要】深圳市腾讯计算机系统有限公司(简称腾讯公司)拥有多项"QQ企鹅"系列美术作品的著作权以及注册商标专用权。谭××为傲为科技(深圳)有限公司(简称傲为公司)的股东及董事。2008年12月，谭××向国家知识产权局申请"音箱(Xzeit迷你企鹅型)"外观设计专利，并获得授权。2011年3月，腾讯公司以谭××、傲为公司销售的QQ迷你音箱侵害其著作权和商标权为由提起诉讼。后双方就该两案达成和解，谭××同意停止侵权并支付赔偿款2.5万元。谭××同时承诺，将于一个月内向国家知识产权局撤回其企鹅音箱外观设计专利申请。后经法院查明，谭××并未履行承诺，且持续缴纳该外观设计年费至2015年12月。此后，腾讯公司与深圳市中科睿成智能科技有限公司(简称中科公司)合作生产、销售企鹅外形音箱。2016年2月，谭××以腾讯公司及中科公司侵害其外观设计专利权为由，提起诉讼。腾讯公司随即针对谭××的外观设计专利提出无效宣告①请求，国家知识产权局专利复审委员会经审查宣告该外观设计专利权无效。广东省深圳市中级人民法院遂裁定驳回谭××的起诉。后腾讯公司以谭××明知其外观设计专利不符合授权条件，仍然恶意提起侵害专利权的诉讼，并给腾讯公司造成了包括商誉损失、律师代理费、差旅费、预期可得利益等在内一系列损失为由，向广东省深圳市中级人民法院提起本案诉讼，请求判令谭××赔偿损失、赔礼道歉并消除影响。法院一审认定谭××的行为构成恶意提起知识产权诉讼，判令其赔偿腾讯公司经济损失及维权合理开支共计50万元。广东省高级人民法院二审维持一审判决。

【典型意义】公平有序、充满活力的竞争机制是释放公司或个人创新活力的重要保障。在依法保障知识产权人在其权利范围内获得充分和严格保护的同时，也要坚持以诚信原则

---

① 专利权无效宣告是指自国家知识产权局公告授予专利权之日起，任何单位或个人认为该专利权的授予不符合专利法规定的，可以请求专利复审委员会宣告该专利权无效的制度。专利权无效宣告制度的设置，是为了纠正国家知识产权局对不符合专利法规定条件的发明创造授予专利权的错误决定，维护专利权授予的公正性。

为指引，防止少数公司或个人以滥用权利的方式损害公平健康的市场竞争秩序与他人的合法权益。"因恶意提起知识产权诉讼损害责任纠纷"是知识产权诉讼领域的新类型案由，在行为要件、裁判标准等方面尚待进一步明确。本案中，二审法院从权利基础、判断能力、抗辩事由等多方面，对当事人是否具有提起诉讼的主观恶意等问题进行了有益探索，对赔偿数额的确定标准也给予了充分论述。本案裁判对于合理确定法律责任边界，依法维护善意使用者的市场交易安全，降低创新者的法律风险，鼓励更多公司或个人投身创新创业，均具有积极意义。

二、"MOTR"侵害商标权纠纷案

甲公司与乙公司侵害商标权纠纷案〔上海市浦东新区人民法院（2018）沪 0115 民初 53351 号民事判决书〕

【案情摘要】甲公司是核定使用在健身器材等商品上的"MOTR"商标（即涉案商标）的注册人，也是全球从事运动器材生产销售的知名厂商，并在中国拥有多项发明专利及注册商标。乙公司在某展览会上推销使用了涉案商标的健身器材，并通过微信商城等多种方式进行销售。甲公司以侵害商标权为由，对乙公司提起诉讼，并主张适用惩罚性赔偿。后经法院查明，在本案被诉侵权行为发生前，乙公司就曾侵犯甲公司的知识产权，经甲公司发送警告函后，双方签订和解协议，且乙公司明确承诺不再从事侵权活动。据此，上海市浦东新区人民法院判令乙公司停止侵权行为，并鉴于其重复侵权的情形，适用三倍惩罚性赔偿标准，确定乙公司承担 300 万元的赔偿责任。该案判决后，双方均未上诉。

【典型意义】本案系适用知识产权侵权惩罚性赔偿标准的典型案例，体现了人民法院严厉打击重复侵权、持续侵权等恶意侵权行为，加大侵权惩处力度的坚定信心。人民法院在判决中明确指出，被告不信守承诺、无视他人知识产权的行为，是对诚实信用原则的违背，侵权恶意极其严重。为保护商标权人的合法权益，严惩侵权行为，维护市场秩序，对权利人的诉讼请求应当予以全额支持。该案判决后，社会各界都认为该判决体现了中国打击知识产权违法犯罪的决心，也体现了中国营造良好商业环境的大国自信。

（选自《最高人民法院办公厅关于印发 2019 年中国法院十大知识产权案件和五十件典型知识产权案例的通知（法办〔2020〕99 号）》）

☞**生词学习**

1. 恶意	èyì	名	evil intentions
2. 知识产权	zhīshíchǎnquán	名	intellectual property right
3. 纠纷	jiūfēn	名	dispute
4. 作品	zuòpǐn	名	work; production
5. 著作权	zhùzuòquán	名	copyright
6. 注册商标	zhùcèshāngbiāo	名	registered trademark
7. 股东	gǔdōng	名	shareholder
8. 董事	dǒngshì	名	director
9. 外观	wàiguān	名	appearance; exterior

10. 专利	zhuānlì	名	patent
11. 授权	shòuquán	动	authorize；warrant
12. 商标权	shāngbiāoquán	名	trademark right
13. 和解	héjiě	动	compromise；reconciliate
14. 承诺	chéngnuò	动	promise
15. 查明	chámíng	动	ascertain
16. 履行	lǚxíng	动	fulfill；carry out
17. 裁定	cáidìng	动	judge
18. 商誉	shāngyù	名	goodwill；business reputation
19. 预期	yùqī	动	expect
20. 消除	xiāochú	动	eliminate
21. 开支	kāizhī	名	expenditure
22. 活力	huólì	名	vitality
23. 滥用	lànyòng	动	abuse
24. 要件	yàojiàn	名	important condition
25. 裁判	cáipàn	名/动	referee
26. 抗辩	kàngbiàn	动	counterplead；refute
27. 论述	lùnshù	动	discuss；expound
28. 边界	biānjiè	名	boundary
29. 善意	shànyì	名	goodwill；good intentions
30. 创业	chuàngyè	动	start a business
31. 器材	qìcái	名	equipment
32. 推销	tuīxiāo	动	promote sales
33. 惩罚性	chéngfáxìng	形	punitive
34. 警告函	jǐnggàohán	名	warning letter
35. 鉴于	jiànyú	介	in view of；in consideration of
36. 严厉	yánlì	形	severe
37. 打击	dǎjī	动	strike
38. 信守	xìnshǒu	动	abide by
39. 无视	wúshì	动	ignore
40. 信用	xìnyòng	名	credit
41. 营造	yíngzào	动	build

☞**语法训练**

1. 2011 年 3 月，腾讯公司以谭××、傲为公司销售的 QQ 迷你音箱侵害其著作权和商标权为由提起诉讼。

2016 年 2 月，谭××以腾讯公司及中科公司侵害其外观设计专利权为由，提起诉讼。

腾讯公司以谭××明知其外观设计专利不符合授权条件，仍然恶意提起侵害专利权的诉讼，并给腾讯公司造成了包括商誉损失、律师代理费、差旅费、预期可得利益等在内一系列损失为由，向广东省深圳市中级人民法院提起本案诉讼，请求判令谭××赔偿损失、赔礼道歉并消除影响。

"以……为由，提起诉讼"格式是法律文书中的常见句式，引出提起诉讼的原因、缘由。例如：

①张三以李四违约为由提起诉讼。

②A公司以B公司侵权为由提起诉讼。

③小王以公司非法解除劳动合同为由，向法院提起诉讼。

◆ 训练：用"以……为由"完成句子。

（1）＿＿＿＿＿＿＿＿＿＿＿＿＿＿＿＿＿＿提起诉讼。

（2）＿＿＿＿＿＿＿＿＿＿＿＿＿＿＿＿＿＿提起诉讼。

（3）＿＿＿＿＿＿＿＿＿＿＿＿＿＿＿＿＿＿提起诉讼。

2. 后经法院查明，谭××并未履行承诺，且持续缴纳该外观设计年费至2015年12月。

后经法院查明，在本案被诉侵权行为发生前，乙公司就曾侵犯甲公司的知识产权。

"……查明……"是法律文书中的常用句式，"查明"前的主体往往是司法机关、公安机关等，"查明"后的内容是经过调查获取的某个事实。例如：

①检察机关查明，2002年5月，张三等共谋从韩国水域走私进口香烟。

②法院经审理查明，57岁的玉林市福绵区农民谢德明，全家7人参与作案。

③警方查明，三人中毒的原因是食用了路边捡来的大米。

◆ 训练：用"查明"完成句子。

（1）＿＿＿＿＿＿＿＿＿＿＿＿＿＿，小李是该案主犯。

（2）＿＿＿＿＿＿＿＿＿＿＿＿＿＿，A工厂偷偷排放了大量工业废水。

（3）＿＿＿＿＿＿＿＿＿＿＿＿＿＿，张三多次利用网络攻击了该网站。

3. 上海市浦东新区人民法院判令乙公司停止侵权行为，并鉴于其重复侵权的情形，适用三倍惩罚性赔偿标准，确定乙公司承担300万元的赔偿责任。

"鉴于"有两种功能，一是表示在某种情况下加以考虑，可以理解为"考虑到……"；二是用在表示因果关系复句中前一分句的句首，指出后一分句行为的依据、原因或理由。例如：

①鉴于今天的恶劣天气，运动会推迟举行。

②鉴于张三未通过HSK四级考试，学校取消了他的奖学金。

③鉴于李四的违法犯罪行为，法院判处罚金3000元。

◆ 训练：用"鉴于"完成句子。

（1）＿＿＿＿＿＿＿＿＿＿＿＿＿＿，公司决定录用你。

（2）＿＿＿＿＿＿＿＿＿＿＿＿＿＿，学校授予小王硕士学位。

（3）＿＿＿＿＿＿＿＿＿＿＿＿＿＿，医生建议我每天运动30分钟。

☞课后练习

一、复习本课生词，选择合适的词语填空。

恶意、知识产权、纠纷、著作权、注册商标、股东

(1)这家公司的_____一共有十人。

(2)法院正在调解这两个公司之间的债务_____。

(3)中国政府通过各种法律保护_____。

(4)苹果公司的_____是一个被咬了一口的苹果。

(5)这部小说的_____属于张教授。

(6)他其实没有什么_____，你可以放心跟他做朋友。

专利、授权、和解、承诺、外观、裁定

(1)张三_____下个月还钱给我。

(2)和苹果手机相比，我更喜欢华为手机的_____设计。

(3)经过漫长的审理，法院_____他无罪。

(4)他发明了一种新的充电技术，并申请了_____。

(5)经过法院的调解，A公司和B公司就这个问题达成了_____。

(6)A公司_____B公司生产这种产品。

预期、无视、开支、信守、活力、滥用

(1)我这个月的_____很大，下个月得省钱了。

(2)医生建议不要_____抗生素。

(3)这些小孩子充满了_____。

(4)通过全体销售员的努力，这个月终于达到了_____的销量。

(5)你不要_____医生的建议。

(6)你应该_____承诺，按时还钱。

裁判、抗辩、论述、边界、善意、创业

(1)法院没有采纳他的_____。

(2)通过多年的努力，两国的_____终于确定了。

(3)政府鼓励大学毕业生_____。

(4)他接受了老师们_____的批评。

(5)请你仔细_____这个复杂的问题。

(6)在足球比赛中，_____的意见很重要。

推销、鉴于、作品、严厉、打击、信用

(1)做生意要守_____。

(2)他是一个著名作家，有很多_____。

(3)_____你通过了HSK五级，学校会给你提供奖学金。

(4)虽然他是一个_____的老师，但是学生们都很喜欢他。

(5)他的工作就是_____笔记本电脑。

(6)公安机关依法_____各种违法犯罪行为。

二、用括号里的词语完成句子。

（1）A 公司_____。（授权）

（2）政府鼓励_____。（创业）

（3）法院二审决定_____。（维持）

（4）请接受_____。（善意）

（5）他是一个发明家，_____。（专利）

三、用下面的词语造句。

（1）纠纷：

（2）和解：

（3）承诺：

（4）裁定：

（5）抗辩：

（6）推销：

（7）严厉：

（8）无视：

（9）信用：

（10）边界：

四、根据课文内容，回答问题。

（1）2011 年 3 月，腾讯公司以什么为由提起诉讼？

（2）2016 年 2 月，谭××以什么为由提起诉讼？

（3）甲公司以什么为由，对乙公司提起诉讼？

（4）为什么乙公司的侵权行为适用三倍惩罚性赔偿标准？

☞**拓展阅读**

知识产权的概念及特点

一、知识产权的概念

知识产权（Intellectual Property）是人们对于自己的智力活动所创造的成果和经营管理活动中的标记、信誉依法享有的权利。

在我国，知识产权作为正式的法律用语是从 1986 年《民法通则》的颁布实施开始的。知识产权属于民事权利的一种，其范围有广义和狭义之分。狭义的知识产权，即传统意义上的知识产权，一般可分为两大类：（1）文学产权，即文学、艺术、科学作品的创作者和传播者所享有的权利，它将作品及作品的传播媒介纳入其保护范围；（2）工业产权，它是指工业、农业、商业、林业和其他产业中具有实用经济意义的一种无形财产权，主要包括专利权和商标权。广义的知识产权主要包括：著作权（含邻接权）、商标权、专利权、商号权、商业秘密权、产地标记权、集成电路布图设计权等。广义的知识产权范围，目前已为两个主要的知识产权国际公约所认可，即 1967 年签订的《成立世界知识产权组织公约》和 1994 年关贸总协定缔约方签订的《与贸易有关的知识产权协定》（即 TRIPs 协定）。由此可见，知识产权的范围相当广泛。但值得说明的是，科学发现并不包括在知识产权的权利范围之内。

二、知识产权的特点

1. 知识产权由国家授予。有形财产权通过一定的法律事实予以设定和取得，并不需要国家有关机关的介入。而知识产权却不同，它具有国家授予性的特点，这是由知识产权的非物质性决定的。由于知识产权的客体不表现为有形的物质实体，不易为权利人实际控制，知识产品一旦为他人所知悉，便具有无限的延伸性。因此，知识产权一般需要由国家认定和许可，必须得到国家法律的特别保护。例如，专利权需要由权利人或其代理人向国家有关机关申请，由国家主管机关审查批准，发给权利证书予以确认。

2. 知识产权具有专有性。专有性又称为垄断性、独占性。它是指知识产权同所有权一样，具有排他性和绝对性的特点，但其效力内容和表现形式各不相同。由于知识产品是精神领域的智力成果，知识产权的专有性有其独特的法律表现：(1)知识产权为权利人所独占，没有法律规定或未经权利人许可，其他任何第三方不得行使该项权利。(2)对同一项知识产品而言，不允许有两项或两项以上同一属性的知识产权并存。

3. 知识产权具有地域性。知识产权的地域性即知识产权在空间上的效力范围，是指知识产权的效力局限于一国范围之内，超出一国范围知识产权便不被认可，也就不具有法律效力。除两国之间有互惠关系或签订有国际协定之外，其他国家对知识产权没有保护的义务，知识产权不具有域外效力。他国公民使用权利人的知识产品，既不需要征得权利人同意，也不需要向权利人支付报酬。这与有形财产权不同，有形财产权没有地域效力的限制，不论其标的物位于何处，权利人均可主张其权利，不存在不被法律保护的问题。

4. 知识产权具有时间性。由于知识产权表现为一定的智力成果，它对于促进社会的文明与发展具有积极的推进作用。但是如果给予知识产权永久的保护，必然阻碍智力成果的传播与利用，不利于整个社会科技与文化的发展和进步。所以各国法律一般给予知识产权一定的保护期限，超过这个期限法律即不予保护，它就成为整个社会的共同财富，为全人类所共用。这与法律对一般物权的保护具有永久性的特点不同，法律对一般物权的保护与物的自然寿命在时间上是一致的。法律对知识产权给予有期限的保护，主要是为了平衡知识产品创造者合法利益与社会公共利益之间的矛盾，使之协调发展。各国根据本国对知识产权的认识和实际情况，对著作权、专利权、商标权规定了不同的保护期限。

(选自吴汉东主编《法学通论(第六版)》，北京大学出版社，2012年)

◎思考：

1. 狭义的知识产权包括哪几类？

2. 广义的知识产权包括哪几类？

3. 知识产权有哪些特点？

4. 查阅相关资料，想一想为什么有学者认为"科学发现"不包括在知识产权的权利范围之内？

☞**知识园地**

著作权的内容

著作权包括下列人身权和财产权：

（一）发表权，即决定作品是否公之于众的权利；

（二）署名权，即表明作者身份，在作品上署名的权利；

（三）修改权，即修改或者授权他人修改作品的权利；

（四）保护作品完整权，即保护作品不受歪曲、篡改的权利；

（五）复制权，即以印刷、复印、拓印、录音、录像、翻录、数字化等方式将作品制作一份或者多份的权利；

（六）发行权，即以出售或者赠与方式向公众提供作品的原件或者复制件的权利；

（七）出租权，即有偿许可他人临时使用视听作品、计算机软件的原件或者复制件的权利，计算机软件不是出租的主要标的的除外；

（八）展览权，即公开陈列美术作品、摄影作品的原件或者复制件的权利；

（九）表演权，即公开表演作品，以及用各种手段公开播送作品的表演的权利；

（十）放映权，即通过放映机、幻灯机等技术设备公开再现美术、摄影、视听作品等的权利；

（十一）广播权，即以有线或者无线方式公开传播或者转播作品，以及通过扩音器或者其他传送符号、声音、图像的类似工具向公众传播广播的作品的权利，但不包括本款第十二项规定的权利；

（十二）信息网络传播权，即以有线或者无线方式向公众提供，使公众可以在其选定的时间和地点获得作品的权利；

（十三）摄制权，即以摄制视听作品的方法将作品固定在载体上的权利；

（十四）改编权，即改变作品，创作出具有独创性的新作品的权利；

（十五）翻译权，即将作品从一种语言文字转换成另一种语言文字的权利；

（十六）汇编权，即将作品或者作品的片段通过选择或者编排，汇集成新作品的权利；

（十七）应当由著作权人享有的其他权利。

（选自《中华人民共和国著作权法（2020 年国家主席令第 62 号）》）

第十二课　电商法：中国电商的"成人礼"

☞课文精读

《中华人民共和国电子商务法》的实施，标志着中国电子商务正式告别野蛮生长的"幼年期"并逐步走向成熟。在近 20 年时间里，中国电商走出了一条从小到大、从弱到强的发展道路。一方面，规模不断扩大。"十三五"期间，电子商务交易额以每年 50% 以上的速度递增，2017 年网络零售总额达到 7.18 万亿元，电子商务已经成为中国经济的重要组成部分。另一方面，质量不断提升。中国已经出现了一批具有全球影响力的电商企业和平台，腾讯、阿里巴巴等相继跻身全球市值最高的十大企业，电子商务已经成为我国科技创新的重要引擎。

近年来，电商虽然发展很快，但也存在一系列问题。比如假冒伪劣产品，刷单、刷好评、捆绑销售、"大数据杀熟"等。因此，电商法的出台具有重要的积极意义，将促进中国电商告别野蛮生长、无序竞争的"幼年期"。

电商法为相关经营者提供了规范的制度安排。电子商务平台经营者、平台内经营者可以根据相应条文规范经营，平台与卖家之间的权利和义务将以法律形式予以确认和规范，"店大欺客""大数据杀熟"等现象会得到一定的遏制。此外，电商法为监管部门依法行政提供了制度依据。监管部门将摆脱长期以来"无法可依"的状态，依照法律规定与市场主体互相配合，进行科学、精准、有效的监督，减少寻租空间。中国电商的发展在电商法的助力下将步入规范发展的"成年期"。

电商经营者有了明确的市场主体地位。自电商诞生以来，从业人员的性质就一直模糊不清。一方面，电商法出台赋予了电商经营者的合法市场主体地位，依法享受经营过程中的正当权利。一些存在的乱象如平台强制商家进行"二选一"、知识产权缺乏保护等，将因为商家市场主体地位的确立而得到法律保护。另一方面，电商法也明确了电商经营者的作为市场主体的应尽义务，依法承担相应责任。假冒伪劣、虚假交易、线上线下不公平竞争等问题一直饱受诟病，随着电商明确相关经营者的市场主体地位，平台经营者不仅对商家具有资质审核义务，还将对消费者具有安全保障义务，假冒伪劣、虚假交易等现象将随着电商法的实施和严格落实而逐渐消失。

电商法不仅是对电商持续、稳定和健康发展的有效保障，更是电商行业良性发展的"助推器"。

首先，电商平台拥有天然的信息优势地位，自然会利用这些优势进行盈利性行为。在这些行为中，如"大数据杀熟""有偿删评价""强制二选一"等，往往有损市场公平性原则。电商法的出台为促进电商平台规范化、高质量发展提供了良好的法律依据。

其次，在享受电子商务便利的同时，消费者在线消费权益一直难以保障。电商法强调保障消费者权益、个人信息保护，从而进一步规范电子商务市场，为人们提供高质量的在线消费环境。

再次，除了促进线上经营规范化之外，电商法还强调线上线下市场的平等地位。比如，电商要不要工商登记，要不要缴税的问题，前几年争论得不可开交。现在电子商务法明确规定，电子商务经营者应当依法办理市场主体登记，应当依法履行纳税义务，并依法享受税收优惠。

最后，电商法出台将规范相关部门的监督执法行为，明确其监管重点和范围，这将压缩电商监管的寻租空间，为电子商务的持续健康发展提供了法律保障。同时，电商法明确指出要"建立符合电子商务特点的协同管理体系"，以解决目前电商监督碎片化、各部门监管范围重叠以及监管空白的问题，整合商务系统、市场监督系统、税务系统等相关部门监管力量，形成合力。

经过近 20 年的发展，中国电商已经完成蜕变。从行业发展的角度看，电商法的出台和实施恰逢其时，为电子商务新一轮高质量发展提供了基本原则和法律基础，是中国电子商务发展的"成人礼"。

（选自《人民日报·海外版》2019 年 1 月 14 日，作者：王昕天）

☞ 生词学习

1. 电子商务	diànzǐshāngwù		electroniccommerce
2. 野蛮	yěmán	形	uncivilizied；savage
3. 规模	guīmó	名	scale
4. 交易	jiāoyì	动	deal；transaction
5. 零售	língshòu	动	retail
6. 跻身	jīshēn	动	enter；get into
7. 引擎	yǐnqíng	名	engine
8. 系列	xìliè	名	series
9. 伪劣	wěiliè	形	inferior
10. 捆绑	kǔnbǎng	动	bind；tie up
11. 竞争	jìngzhēng	动	compete
12. 规范	guīfàn	形	normative
13. 卖家	màijiā	名	seller
14. 遏制	èzhì	动	contain；suppress
15. 精准	jīngzhǔn	形	accurate
16. 监督	jiāndū	动	supervise
17. 寻租	xúnzū	动	rent-seeking
18. 乱象	luànxiàng	名	chaoticphenomenon
19. 诟病	gòubìng	动	denounce

20. 资质	zīzhì	名	qualification
21. 落实	luòshí	动	carryout
22. 盈利	yínglì	动	profit
23. 不可开交	bùkěkāijiāo		unabletogetridof
24. 优惠	yōuhuì	形	preferential；concessional
25. 压缩	yāsuō	动	compress
26. 协同	xiétóng	动	coordinate
27. 碎片化	suìpiànhuà	动	fragment
28. 重叠	chóngdié	动	overlap
29. 整合	zhěnghé	动	integrate
30. 蜕变	tuìbiàn	动	transform
31. 成人礼	chéngrénlǐ	名	coming-of-ageceremony

☞**语法训练**

1. 一方面，规模不断扩大……另一方面，质量不断提升。

一方面，电商法出台赋予了电商经营者的合法市场主体地位，依法享受经营过程中的正当权利……另一方面，电商法也明确了电商经营者的作为市场主体的应尽义务，依法承担相应责任。

"一方面……另一方面……"句式用来表达事物的两个方面，例如：

①一方面公司已派人进行深入调查，另一方面警方也在全力侦查案件。

②该事件一方面促进了国内船舶修理行业的发展，但另一方面也带来了一些法律问题。

③通过对上海大卖场的研究分析，构建选址评估体系，一方面可以丰富应用区位理论，另一方面也是对上海零售业的有序协调发展提供帮助。

◆训练：用"一方面……另一方面……"完成句子。

(1)这场球打输了，一方面是由于对方实力较强，＿＿＿＿＿＿＿＿＿＿＿。

(2)要想学好汉语，一方面，＿＿＿＿＿＿＿＿＿＿，＿＿＿＿＿＿＿＿＿＿。

(3)我来中国留学，一方面，＿＿＿＿＿＿＿＿＿＿，＿＿＿＿＿＿＿＿＿＿。

2. 电商法不仅是对电商持续、稳定和健康发展的有效保障，更是电商行业良性发展的"助推器"。

"不仅……更……"句式用来表达事物之间的递进关系，例如：

①毛泽东同志不仅是伟大的军事家，更是一个优秀的文学家。

②读书，不仅可以消磨无聊的时光，更可以丰富我们的知识。

③一名好的老师不仅教知识，更要教方法。

◆ 训练：用"不仅……更……"完成句子。

(1)我们不仅是为自己活着，＿＿＿＿＿＿＿＿＿＿。

(2)他不仅是我的老师，＿＿＿＿＿＿＿＿＿＿。

(3)学好汉语不仅在于努力，＿＿＿＿＿＿＿＿＿＿。

☞课后练习

一、复习本课生词，选择合适的词语填空。

野蛮、规模、零售、交易、跻身、引擎

（1）这个公司今年终于_____世界 500 强。

（2）出口是推动该国经济发展的重要_____。

（3）人类的现代文明是从_____进化而来的。

（4）沃尔玛是世界著名的_____超市。

（5）武汉大学的_____很大，拥有大量学生和教职工。

（6）点击"付款"按钮，便完成了这笔网上_____。

系列、伪劣、竞争、捆绑、规范、卖家

（1）作为_____，应该诚实守信，不能销售假货。

（2）这两个公司签订了合作协议，将二者的利益紧紧地_____在一起。

（3）来中国留学要办理一_____手续。

（4）电商法有助于商家公平_____。

（5）"她是很漂亮"，这句话的语法不_____。

（6）生产、销售_____产品罪，是指生产者、销售者在产品中掺杂、掺假，以假充真，以次充好或者以不合格产品冒充合格产品，销售金额较大的行为。

遏制、精准、监督、乱象、寻租、诟病

（1）权力_____是权力使用者把自己所掌握的权力当作私有财产有偿转让。

（2）政府公务员的行为应当接受公众和法律的_____。

（3）"_____扶贫"是中国政府实施的一项帮助贫困农民的政策。

（4）"醉驾入刑"有效地_____了酒后驾车行为。

（5）互联网促进了社会发展，同时也催生了各种_____。

（6）航班延误一直被消费者_____，而航空公司又经常以各种理由拒赔消费者。

资质、盈利、优惠、碎片化、整合、蜕变

（1）在与这个公司合作之前，你应该好好考察该公司的_____。

（2）我们可以利用_____时间来学习汉语。

（3）经过三十年发展，深圳从一个小渔村_____为一座国际化大都市。

（4）每年 11 月 11 日，网上商店会推出很多_____活动。

（5）通过老板和员工的共同努力，这家公司终于开始_____了。

（6）智能手机_____了相机、计算器、日历、播放器等许多功能。

二、用括号里的词语完成句子。

（1）_____，他赚了很多钱。（交易）

（2）_____，留学生足球队赢得了胜利。（竞争）

（3）由于_____，这个城市的道路交通不再拥堵。（监督）

（4）_____，所以我买了很多东西。（优惠）

（5）电商法_____。（遏制）

三、用下面的词语造句。

(1)精准：

(2)诟病：

(3)寻租：

(4)不可开交：

(5)乱象：

(6)规范：

(7)碎片化：

(8)整合：

(9)蜕变：

(10)资质：

四、根据课文内容，回答问题。

(1)近 20 年来，中国电商发生了哪些变化？

(2)近年来，中国电商存在哪些问题？

(3)举例说明电商法对电子商务的积极作用。

☞拓展阅读

电商法是消费者的重大"利好"

《中华人民共和国电子商务法》于 2019 年 1 月 1 日正式实施，这意味着中国电商行业进入有法可依的时代，为规范行业发展迈出重要一步。然而，中国消费者协会公布的调查报告显示，对于电商法实施的意义，42.2%的受访者表示"不知道"。少数消费者甚至认为电商法会影响个人海外代购、微商的发展，加重消费者负担。这种看法无疑是失之偏颇的。

电商法规定，通过互联网等信息网络从事销售商品或者提供服务的经营活动的自然人、法人和非法人组织都属于电子商务经营者，应当依法办理市场主体登记，履行纳税义务。这意味着原本处于灰色地带的个人海外代购、微商将纳入法律法规的监管。短期来看，微商和个人海外代购税务成本、管理成本的上升可能会导致商品价格上涨，甚至一些代购、微商会退出市场。但是，我们要明白，从缺少规则、野蛮生长向透明化、规范化过渡，往往会有阵痛期。只有度过这个调整时期，整个电商行业才能走上更加健康的发展轨道。

一段时间以来，微商、个人海外代购不时爆出假货横行、虚假宣传、卷钱跑路、推卸售后责任等负面事件，究其根本是因为缺乏有效监管，行业准入门槛低，无实体店以及营业执照等信用支持，商家违约成本很低。中消协的调查结果显示，近一半消费者认为"假冒商品屡禁不止"是电商领域最突出的问题。只有加强监管，合理提升市场准入门槛，才能净化市场环境，淘汰销售假冒伪劣产品或欺诈消费者的商家，为真正有实力、能诚信经营的代购或微商提供公平的市场环境，从而让消费者放心购物。

电子商务的快速发展给消费者带来了便利，但也进一步加大了买卖双方在技术和信息上的不对称。电子商务经营者利用市场支配地位，购买"水军"刷好评、擅自删除评价、暗中搭售、利用大数据"杀熟"……严重损害消费者的知情权、选择权等合法权益。针对这些问题，电商法堪称一剂"对症良药"。现在，电商法对电子商务经营者做出了相关要求，电子商务经营者应当全面、真实、准确、及时地披露商品或服务的具体信息、消费评价、押金退还方式等。对消费者来说，这些规定都是重大"利好"。

当然，电商法要求电商经营者依法输市场主体登记、依法履行纳税义务等相关规定，也许会在一定程度上影响商品的价格，但当前一些电商平台的价格优势往往是以质量低、服务差为代价的。未来，随着经营主体的优胜劣汰，最终生存下来的一定是那些经营正规、服务规范的商户，电商商品质量将更有保障，充分竞争也会促进价格保持在合理区间，消费者不必过于担心价格问题。

电商法的出台是对整个电子商务行业规则的重塑，不仅对商家的行为做出规范，还明确了电商平台应有的责任和义务，给消费者网购"撑起了腰"。相信随着电商法的深入实施，消费者的合法权益将得到更有效的保护，网购会更加放心舒心。

（选自《人民日报》2019 年 1 月 16 日，作者：罗珊珊）

◎思考：

1. 电商法禁止微商和海外代购吗？
2. 电子商务的快速发展带来了哪些问题？
3. 根据电商法的规定，电子商务经营者包括哪些？
4. 电商法对电子商务经营者做出了哪些要求？

☞知识园地

法人、法定代表人、法人代表

很多人经常将法人和法定代表人混淆。常听有人将公司的董事长或者总经理称作"法人"，这种称呼到底是不是准确？"法人""法定代表人""法人代表"代表的是什么意思，这三者又有什么联系区别呢？

1. 什么是法人

《民法典》规定："法人是指具有民事权利能力和民事行为能力，依法独立享有民事权利和承担民事义务的组织。"它是一种组织，是法律上拟制的人，是与自然人相对的一个概念，是一定社会组织在法律上的人格化。法人具有如下特征：法人是集合性主体，法人是人的集合体与财产的集合体的有机统一；具有民事权利能力和民事行为能力；独立承担民事责任；依法独立享受民事权利和承担民事义务。

2. 什么是法定代表人

《民法典》规定："依照法律或者法人组织章程规定，代表法人行使职权的负责人，是法人的法定代表人。"法定代表人首先必须是具有完全民事行为能力，并且应当符合法律、法规和政策的规定。法定代表人以法人的名义所进行的民事活动，法人都必须承担民事责任。法定代表人可以由厂长、经理提供，也可以由董事长、理事长担任，这主要看法律或章程如何规定。

3. 什么是法人代表

法律规范上没有"法人代表"的定义，它是指根据法人或法定代表人授权、对外依法行使民事权利和义务的人。它是依据授权而产生，实质上它是依照代表关系代表法人进行民事活动，这个代表可以是甲、也可以是乙，不是固定的。

4. 三者之间的关系

"法人"是一个组织，比如：企业、事业单位、社会团体等；"法定代表人"是这个组织的固定自然人代表，"法人代表"是被该组织授权行使一定权利和义务的自然人。"法人"对"法定代表人"的正常活动承担民事责任，当代表人的行为超出法人授予的权利范围，法人就可能为其承担责任。"法人"承担"法人代表"在授权范围内行使权利时造成的结果，超出委托权限范围的行为所造成的损失，由"法人代表"承担。

第十三课　阿里巴巴集团垄断案的意义

☞**课文精读**

　　备受社会关注的阿里巴巴集团垄断案有了处理结果：2021年4月10日，市场监管总局依法对阿里巴巴集团作出行政处罚①，责令其停止违法行为，并处以其2019年销售额4%共计182.28亿元罚款。此次处罚，是监管部门强化反垄断和防止资本无序扩张的具体举措，是对平台企业②违法违规行为的有效规范，并不意味着否定平台经济③在经济社会发展全局中的重要作用，并不意味着国家支持平台经济发展的态度有所改变，而是要坚持发展和规范并重，把握平台经济发展规律，建立健全平台经济管理体系，推动平台经济规范健康持续发展。

　　回顾整个案件，无论是违法行为的认定，还是罚款金额的确定，都体现了依法治国的基本要求，于法有据、于理应当。2015年以来，阿里巴巴集团为阻碍其他竞争性平台发展，维持、巩固自身市场地位，获取不当竞争优势，实施"二选一"垄断行为，限定商家只能与其进行交易，违反了《反垄断法》关于"没有正当理由，限定交易相对人只能与其进行交易"的规定，构成"滥用市场支配地位"行为。根据《反垄断法》，对实施滥用市场支配地位行为的经营者，应处上一年度销售额百分之一以上百分之十以下的罚款。监管部门综合考虑阿里巴巴集团违法行为的性质、程度和持续时间等因素，对其处以2019年销售额4%的罚款，有力维护了法律的权威，是对平台内商家和广大消费者合法权益的切实保护，也是对平台经济发展秩序的有效规范。

　　垄断是市场经济的大敌，平台经济的健康发展，尤其离不开公平竞争的环境。滥用市场支配地位的垄断行为，排除、限制了相关市场竞争，侵害了平台内商家的合法权益，阻碍了平台经济创新发展和生产要素自由流动，损害了消费者权益。没有公平竞争的良好生态，平台经济就会失去创新发展的强大活力。监管部门一方面完善规则，推动反垄断法加快修订，发布关于平台经济领域的反垄断指南；一方面严格规范执法，查处多起互联网领

---

　　①　行政处罚(administrative sanction)是指行政主体依照法定职权和程序对违反行政法规范，尚未构成犯罪的相对人给予行政制裁的具体行政行为。

　　②　平台企业即提供"平台"服务的企业，有很多种类，其中一种是提高买卖双方配对成功可能性的中介平台。例如，网络购物平台同时为大量的商家提供新的产品渠道，短时间内聚集大量的卖家和买家，使得平台产品多样化，买家也能够突破地理和时间因素等限制购买商品。

　　③　平台经济是一种基于数字技术，由数据驱动、平台支撑、网络协同的经济活动单元所构成的新经济系统，是基于数字平台的各种经济关系的总称。

域垄断案件，产生了良好效果。

从平台经济长远健康发展角度看，依法规范与支持发展并不矛盾，而是相互促进的。只有在鼓励创新的同时进行有效监管，才能推动平台经济规范健康持续发展。放眼全球范围内的平台经济，依法规范不仅不会带来行业的凋零，反而会促进其更高质量发展。发达国家对苹果、亚马逊等平台经济巨头的反垄断监管，并没有让这些企业失去核心竞争力，反而促使其积极做强核心业务，实现长远健康发展。同时，反垄断监管也在一定程度上助力互联网新公司诞生和成长，并为整个行业带来活力。加强反垄断执法，正是以法治手段规制平台经济领域的垄断行为，给众多小公司、小网站带来良性竞争、成长的机会，使整个行业能持续创新、活力常在。从这个意义上说，依法规范，正是对平台经济发展的有力支持。

近年来我国平台经济快速发展，在经济社会发展中的地位和作用日益突显。平台经济有利于提高全社会资源配置效率，推动技术和产业朝着信息化、数字化、智能化方向加速演进，有助于沟通国民经济循环各环节，也有利于提高国家治理的智能化、全域化、个性化、精细化水平。正是由于一大批优秀平台企业的共同努力，我国成为全球数字经济发展较为领先的国家之一。

我国平台经济发展正处在关键时期，此次监管部门处罚阿里巴巴集团，对企业发展是一次规范扶正，对行业环境是一次清理净化，对公平竞争的市场秩序是一次有力维护。相信随着治理体系的不断健全，平台经济必将迎来更大发展机遇，更好地为高质量发展和高品质生活服务。

（选自《推动平台经济规范健康持续发展》，《人民日报》2021 年 4 月 11 日，作者：吴秋余、林丽鹏）

☞**生词学习**

1. 垄断	lǒngduàn	动	monopolize
2. 监管	jiānguǎn	动	supervise
3. 责令	zélìng	动	order; instruct
4. 强化	qiánghuà	动	strengthen
5. 防止	fángzhǐ	动	prevent
6. 扩张	kuòzhāng	动	expand; aggrandize; enlarge
7. 举措	jǔcuò	名	measures
8. 平台	píngtái	名	platform
9. 全局	quánjú	名	overall situation
10. 并重	bìngzhòng	动	regard both as equally important
11. 把握	bǎwò	动	grasp; hold
12. 健全	jiànquán	动	complete
13. 推动	tuīdòng	动	push forward; promote; propel
14. 回顾	huígù	动	look back; review; retrospect
15. 阻碍	zǔ'ài	动	hinder; block; impede

16.	巩固	gǒnggù	动	consolidate
17.	优势	yōushì	名	superiority
18.	相对人	xiāngduìrén	名	offeree；the opposite party
19.	支配	zhīpèi	动	control；dominate；govern
20.	经营者	jīngyíngzhě	名	manager；management
21.	性质	xìngzhì	名	nature
22.	权威	quánwēi	名	authority
23.	消费者	xiāofèizhě	名	consumer；customer
24.	切实	qièshí	形	practical；feasible；realistic
25.	流动	liúdòng	动	flow；run；circulate
26.	生态	shēngtài	名	ecology
28.	指南	zhǐnán	名	guide
29.	执法	zhífǎ	动	enforce the law
30.	促进	cùjìn	动	promote
31.	凋零	diāolíng	动	to be withered
32.	规制	guīzhì	动	regulate
33.	良性	liángxìng	形	benign；positive
34.	突显	tūxiǎn	动	highlight；stand out
35.	配置	pèizhì	动	collocate
36.	演进	yǎnjìn	动	evolve
37.	循环	xúnhuán	动	circulate
38.	环节	huánjié	名	link
39.	公认	gōngrèn	动	universally acknowledged
40.	领先	lǐngxiān	动	lead
41.	机遇	jīyù	名	opportunity
42.	品质	pǐnzhì	名	character；quality

☞**语法训练**

1. 监管部门<u>一方面</u>完善规则，推动反垄断法加快修订，发布关于平台经济领域的反垄断指南；<u>一方面</u>严格规范执法，查处多起互联网领域垄断案件，产生了良好效果。

"一方面……一方面……"连接并列的两种相互关联的事物，或一个事物的两个部分。例如：

①他一方面认真学习，一方面努力赚钱，因此他既考上了研究生，又准备好了学费。

②作为老板，一方面要永远高估员工的高度，一方面要永远低估员工的水平。

③奥巴马一直认为，解决美国财政状况需要开源节流，一方面需要增加税收，一方面要减小政府开支。

◆　训练：用"一方面……一方面……"完成句子。

（1）_____，一方面减少饭量，就一定可以减肥成功。

（2）_____，就能够得到中国政府奖学金。

（3）_____，就可以避免感染病毒。

2. 平台经济<u>有利于</u>提高全社会资源配置效率，推动技术和产业变革朝着信息化、数字化、智能化方向加速演进，<u>有助于</u>沟通国民经济循环各环节，也<u>有利于</u>提高国家治理的智能化、全域化、个性化、精细化水平。

"有利于……"的意思是"对……有好处"，"有助于……"的意思是"对……有帮助"。例如：

①看中文电影有利于提升汉语听力水平。

②跑步有助于减肥。

③多吃蔬菜有利于保持健康。

◆ 训练：用"有利于/有助于"完成句子。

（1）_____增加收入。

（2）_____提升学习成绩。

（3）_____维护网络安全。

☞**课后练习**

一、复习本课生词，选择合适的词语填空。

垄断、监管、责令、防止、举措、平台

（1）为了防止_____，政府出台了《反垄断法》。

（2）政府通过很多_____来保护环境。

（3）为了_____火灾，加油站禁止吸烟。

（4）淘宝网是中国最大的网络购物_____。

（5）对于网上交易，政府应该加强_____。

（6）由于这个公司涉嫌违法，法院_____其停止营业。

全局、并重、把握、健全、推动、回顾

（1）作为学生，我们应该提升成绩和保持健康_____。

（2）这几部法律_____了中国互联网经济的发展。

（3）_____过去十年，中国经济发展十分迅速。

（4）作为校长，应该_____全校各方面工作。

（5）国家应该_____医疗保障政策，保护人民的医疗权利。

（6）你的工作虽然出了一点儿小问题，但是从_____来看，问题不大。

阻碍、巩固、优势、支配、经营者、权威

（1）我每个月自己能够_____钱只有 2000 元，剩下的钱我得给我父母。

（2）作为_____，应该在法律允许的范围内做生意。

（3）每个公民应该尊重法律的_____。

（4）不好的经济政策会_____经济的发展。

（5）我们应该经常复习_____学过的知识。

(6)他很年轻，所以做这个工作有年龄_____。

流动、消费者、指南、执法、切实、促进

(1)法律的不断完善会_____社会的发展。

(2)这是一份旅行_____，请随时带在身上。

(3)公安机关应该严格_____，打击犯罪。

(4)他提出的这个办法，是_____可行的。

(5)_____的合法权益受法律保护。

(6)这个公司需要大量的_____资金，否则就会破产。

良性、突显、机遇、循环、环节、领先

(1)生产手机需要经过很多复杂的_____。

(2)血液在我们的身体里不断_____。

(3)中国的这项技术_____其他国家十几年。

(4)你应该抓住这个难得的_____，实现自己的梦想。

(5)这个政策能够促进经济_____循环。

(6)北京故宫_____出中国传统建筑的特色。

二、用括号里的词语完成句子。

(1)_____，防止不正当竞争。（监管）

(2)由于这家公司销售假货，工商局_____。（责令）

(3)政府应采取各种措施，_____。（促进）

(4)一毕业就能到这个著名的公司工作，_____。（机遇）

(5)_____，我们可以了解武汉所有的景点。（指南）

三、用下面的词语造句。

(1)垄断：

(2)防止：

(3)公认：

(4)领先：

(5)优势：

(6)全局：

(7)权威：

(8)环节：

(9)循环：

(10)举措：

四、根据课文内容，回答问题。

(1)市场监管总局为什么对阿里巴巴集团作出行政处罚？

(2)市场监管总局对阿里巴巴集团处以 182.28 亿元的罚款，依据是什么？

(3)国家对企业进行反垄断监管的意义是什么？请举例说明。

☞**拓展阅读**

我国反垄断法的规制范围

我国《反垄断法》第四章至第六章规定了四种受反垄断法规制的垄断行为，即垄断协议、滥用市场支配地位、经营者集中以及行政垄断行为。

1. 垄断协议

垄断协议是指两个或者两个以上的经营者，通过协议或者其他协同一致的行为，实施固定价格、划分市场、限制产量、排挤其他竞争对手等排除、限制竞争的行为。协议、决定和其他协同行为是垄断协议的三种方式。反垄断法禁止的垄断协议主要有横向垄断协议与纵向垄断协议。横向垄断协议包括六种情形：(1)固定或者变更商品价格；(2)限制商品的生产数量或者销售数量；(3)分割销售市场或者原材料采购市场；(4)限制购买新技术、新设备或者限制开发新技术、新产品；(5)联合抵制交易；(6)国务院反垄断执法机构认定的其他垄断协议。纵向垄断协议包括三种情形：(1)固定向第三人转售商品的价格；(2)限定向第三人转售商品的最低价格；(3)国务院反垄断执法机构认定的其他垄断协议。行业协会制定发布规则、决定、通知等，召集本行业的经营者讨论并形成协议、决议、纪要、备忘录等，为经营者达成垄断协议提供便利条件或者国务院有关部门认定的应当依法禁止的其他垄断协议都属于禁止之列。

2. 滥用市场支配地位

滥用市场支配地位，是指企业获得一定的市场支配地位后滥用这种地位，对市场的其他主体进行不公平的交易或者排除竞争对手的行为。而市场支配地位，是指经营者在相关市场内具有能够控制商品价格、数量或者其他交易条件，或者能够阻碍、影响其他经营者进入相关市场能力的市场地位。对市场支配地位的认定，我国反垄断法采用了综合性标准，同时将一定的市场份额直接作为市场支配地位的认定标准。滥用市场支配地位行为的主要表现为垄断价格行为、掠夺性定价行为、拒绝交易行为、限定交易行为、搭售或附加不合理交易条件的行为以及差别待遇行为等。

3. 经营者集中

经营者集中是指经营者通过合并、资产购买、股份购买、合同约定、人事安排、技术控制等方式取得对其他经营者的控制权或能够对其他经营者施加决定性影响的情形。经营者集中包括以下行为：(1)经营者合并；(2)经营者通过取得股权或者资产的方式取得对其他经营者的控制权；(3)经营者通过合同等方式取得对其他经营者的控制权或者能够对其他经营者施加决定性影响。达到法律规定标准的集中，经营者应当事先向国务院商务主管部门申报，未申报的不得实施集中。商务主管部门对经营者集中的审查包括初步审查和进一步审查两个阶段，经过审查，可能有两类审查结果：一是禁止；二是不予禁止，具体包括无条件批准和附加限制性条件批准。

4. 行政垄断

行政垄断是指行政机关和法律、法规授权的具有管理公共事务职能的组织滥用行政权力限制、排除竞争的行为。我国反垄断法主要禁止以下6种行政垄断行为：强制交易行为，妨碍商品在地区间自由流通的行为，排斥或限制外地企业参与本地招投标活动的行为，排除或限制投资或设立分支机构的行为，强制经营者从事垄断行为，制定含有排除、限制竞争内容的行政规定的行为。

（选自吴汉东主编《法学通论（第六版）》，北京大学出版社，2012 年）

◎思考：

1. 什么是横向垄断协议？什么是纵向垄断协议？
2. 滥用市场支配地位行为主要有哪些表现？
3. 经营者集中包括哪些行为？
4. 我国反垄断法主要禁止哪些行政垄断行为？

☞知识园地

不正当竞争行为的表现形式

严格意义上的不正当竞争行为有七种：

1. 欺骗性交易行为

欺骗性交易行为是指经营者采用仿冒标志或其他虚假标志从事交易，引起公众误解，诱使消费者误购，损害竞争对手的行为。

2. 商业贿赂行为

商业贿赂行为是指经营者为争取交易机会或者优惠的交易条件而给予交易对方有关人员以财物或其他好处的行为。

3. 侵犯商业秘密的行为

商业秘密是指不为公众所熟悉，能为权利人带来经济利益，具有实用性并经权利人采取保密措施的经营信息和技术信息。

4. 虚假宣传行为

虚假宣传行为是指经营者利用广告或其他的方式，对商品的质量、性能、用途、特点、价格、使用方法等作引人误解的虚假表示，诱使消费者产生误购的行为。

5. 不正当有奖销售行为

有奖销售是经营者的一种促销手段，是经营者以提供物品、金钱或其他条件作为奖励，刺激消费者购买商品或服务的行为。

6. 诋毁商誉行动

诋毁商誉行为，是指经营者通过捏造、散布虚假事实等不正当手段，损害竞争对手的商业信誉和商品信誉，削弱对手竞争能力的行为。

7. 低价倾销行为

低价倾销行为是指经营者以排挤竞争对手为目的，以低于成本的价格销售商品的行为。

第十四课　陕西首例水污染公益诉讼案

☞课文精读

　　清河，是渭河支流之一，从大程镇流出陕西省三原县，最终汇入渭河。20世纪80年代，伴随着改革开放的东风，近百家乡镇企业在三原县大程镇兴起。由于乡镇企业生产工艺落后、环保意识不强，大量的工业废水和居民生活污水未经处理直接排入清河，清河逐渐成为一条"污水沟"。2016年10月，三原县人民检察院向法院提起环境保护行政公益诉讼后，这条河流的命运终于迎来了转折，成为名副其实的"清河"。

　　据了解，该案是陕西省首例水污染公益诉讼案。从检察机关开始调查到案件全部执行到位，历经起诉、立案、审理、判决、执行各个阶段，历时3年2个月。

　　2016年春天，三原县检察院在工作中发现，未经处理的污水从大程镇南排污口直接排入清河，造成清河污染，严重影响沿岸群众生产生活，导致社会公共利益受到损害，而大程镇人民政府对污水排放负有监管治理的法定职责。三原县检察院于2016年10月向法院提起环境保护行政公益诉讼，诉讼请求有两项：一是确认被告行政行为违法，二是判令被告限期履行法定职责。

　　2016年10月24日，三原县人民法院依法受理了三原县检察院诉三原县大程镇政府环保行政公益诉讼一案。随后，三原县法院的办案人员到案件现场查看了水体污染的实际情况，查明了大程镇政府未依法履行法定职责，造成水体持续污染的事实。

　　2017年4月11日，三原县法院公开开庭审理了此案，并当庭判决：确认被告未履行法定环境保护和污染防治职责的行为违法；限被告于判决生效后25个月之内建设大程镇公共污水管网和污水集中处理设施，保证排入清河的污水达到排放标准，并于同年的4月17日将判决书送达公益诉讼人、被告。法定期限内，双方均未提起上诉。

　　接到判决书后，大程镇政府积极筹集资金近3000万元，于2017年8月开工建设日处理污水2500吨的大程镇污水处理厂。2017年12月完成了总长度20.1公里的污水管网铺设，将全镇12个行政村、37家企业(其中15家为重点污水排放企业)连通为一体，实行污水集中处理排放。2018年11月正式运行。工程建设期间，三原县法院与三原县检察院多次派出干警前往污水处理厂及污水管网工程建设施工现场查看，对工程进度和施工质量提出要求，确保污水治理工程如期完成。

　　2019年6月，在25个月判决履行期限内，大程镇污水管网和处理设施全部建成，该案全部执行到位。通过25个月的环境治理，清河终于从"浊"变"清"，人民群众的生活环境得到了改善。

　　据了解，为了保证大程镇经济社会持续发展，大程镇政府又规划建设了总投资 7335 万元、日处理污水 8000 吨的污水处理厂二期工程。目前该项目已于 2019 年 8 月动工，预计 2020 年 6 月建成，可以满足大程镇今后 10 年的污水处理需求。

　　农村污水处理设施及管网建设是改善农村居住环境、建设美丽乡村的重要内容，同时是中国环境保护的重要部分。在此案中，三原县人民法院和人民检察院以维护社会公益为目标，充分发挥司法职能，依法行政，有效解决了农村环境污染问题。

　　（选自《守护一江清水向东流》，《法制日报》2020 年 1 月 22 日，作者：孙立昊洋、刘嵩、张娅）

☞生词学习

1. 工艺	gōngyì	名	technology；craft；technique
2. 意识	yìshí	名	consciousness
3. 废水	fèishuǐ	名	waste water
4. 污水	wūshuǐ	名	sewage；polluted wate
5. 行政	xíngzhèng	动/名	administrate；administration
6. 公益	gōngyì	名	public welfare
7. 转折	zhuǎnzhé	名	transition
8. 名副其实	míngfùqíshí		be worthy of the name
9. 到位	dàowèi	动	put sth. in place
10. 污染	wūrǎn	动	pollute
11. 导致	dǎozhì	动	cause；result in
12. 排放	páifàng	动	discharge
13. 治理	zhìlǐ	动	govern
14. 职责	zhízé	名	duty；obligation；responsibility
15. 限期	qīxiàn	动	set a time limit
16. 受理	shòulǐ	动	accept and hear a case
17. 事实	shìshí	名	fact
18. 公开	gōngkāi	形/动	open；overt；public
19. 生效	shēngxiào	动	become effective
20. 设施	shèshī	名	installation；facilities
21. 判决书	pànjuéshū	名	paper of judgment
22. 筹集	chóují	动	collect；raise（money）
23. 开工	kāigōng	动	start working
24. 工程	gōngchéng	名	engineering；project
25. 进度	jìndù	名	rate of progress
26. 派出	pàichū	动	send；dispatch；assign
27. 改善	gǎishàn	动	improve
28. 需求	xūqiú	名	demand

29. 职能　　　zhínéng　　　　名　　　function

☞**语法训练**

1. 由于乡镇企业生产工艺落后、环保意识不强，大量的工业废水和居民生活污水未经处理直接排入清河，清河逐渐成为一条"污水沟"。

"由于"引导一个表示原因的分句，其语义和"因为"类似。但是，"因为"和"所以"常常配对使用，而"由于"常常单用，后面表示结果的句子前很少出现"所以、因此"等表示结果的标志，所以应注意区分原因分句与结果分句。例如：

①由于今天路上堵车，我上班迟到了。

②由于他的帮助，我的语文成绩提高很快。

③由于没有下雨，(所以)比赛照常进行。

◆ 训练：用"由于"完成句子。

(1)_____他认真复习，终于通过了这个考试。

(2)_____，运动会取消了。

(3)_____，所以没来开会。

(4)_____，警察终于抓获了这几个犯罪嫌疑人。

(5)_____，法官判决他无罪。

2. 三原县人民法院依法受理了三原县检察院诉三原县大程镇政府环保行政公益诉讼一案。

"A诉B……案"是法律语言中常见的案件名称格式，"诉"即"起诉"，A为起诉方，B为被起诉方，"……案"为案件相关内容、类别。该格式言简意赅，用简明的语言将涉案各方及案件大概内容呈现出来。例如：

①天津市××建筑装饰工程有限公司诉刘×劳动争议纠纷案

②哈尔滨市呼兰区××有限公司诉吴×劳动争议纠纷案

③于×诉北京××旅游风景区管理处旅游合同纠纷案

◆ 训练：上网查找几个案件名，并填写在下面的空格处。

(1)_____

(2)_____

(3)_____

(4)_____

(5)_____

3. 为了保证大程镇经济社会持续发展，大程镇政府又规划建设了总投资7335万元、日处理污水8000吨的污水处理厂二期工程。

"为了"是目的复句的标志，引导的分句表示实现某种目的或避免某种结果，另一个分句表示为达到这个目的而采取的行动。例如：

①为了提高汉语口语水平，他常常和中国人聊天。

②他每天跑步，为了减肥。

③为了保护环境，政府出台了很多种法律法规。

◆ 训练：用"为了"完成句子。

(1)＿＿＿＿＿＿＿＿＿＿＿＿＿＿＿，警察工作了三天三夜。

(2)＿＿＿＿＿＿＿＿＿＿＿＿＿＿＿，他每天工作 12 个小时。

(3)＿＿＿＿＿＿＿＿＿＿＿＿＿＿＿，我们要努力学习。

(4)周末小张也不休息，＿＿＿＿＿＿＿＿＿＿＿＿＿。

(5)马丁到中国留学，＿＿＿＿＿＿＿＿＿＿＿＿＿。

☞课后练习

一、复习本课生词，选择合适的词语填空。

兴起、工艺、意识、污水、公益、转折

(1)许多电影明星都热衷于＿＿＿＿＿＿＿事业。

(2)小王考上了公务员，从此他的命运发生了＿＿＿＿＿＿＿。

(3)随着普法工作的开展，人们的法律＿＿＿＿＿＿＿有了很大的提高。

(4)这个工厂建设了专门的＿＿＿＿＿＿＿处理厂。

(5)中国改革开放以后，在沿海地区＿＿＿＿＿＿＿了很多工厂。

(6)这个工厂的生产＿＿＿＿＿＿＿进步以后，产品质量和生产效率都得到了很大的提高。

名副其实、到位、导致、排放、派出、治理

(1)睡前喝咖啡会＿＿＿＿＿＿＿失眠。

(2)如果复习＿＿＿＿＿＿＿，他一定可以考个好成绩。

(3)汽车尾气的＿＿＿＿＿＿＿会使地球变暖。

(4)长江和汉江在武汉交汇，因此武汉真是一个＿＿＿＿＿＿＿的"江城"。

(5)为了＿＿＿＿＿＿＿沙漠化，中国政府常年在西北地区植树造林。

(6)公安局＿＿＿＿＿＿＿五名警察调查这个案件。

污染、职责、职能、受理、开工、事实

(1)北京市海淀区中级人民法院＿＿＿＿＿＿＿了这起侵权案。

(2)工厂排放废气＿＿＿＿＿＿＿了空气。

(3)保护人民群众生命财产安全是警察的＿＿＿＿＿＿＿。

(4)新教学大楼建设工程计划明天＿＿＿＿＿＿＿。

(5)法院查明了他的犯罪＿＿＿＿＿＿＿。

(6)法院和检察院的＿＿＿＿＿＿＿不太一样。

公开、生效、进度、设施、排放、判决书

(1)中国的《民法典》于 2021 年 1 月 1 日＿＿＿＿＿＿＿。

(2)你的论文＿＿＿＿＿＿＿如何？什么时候可以完成？

(3)这个小区有很多健身＿＿＿＿＿＿＿。

(4)法院最终决定＿＿＿＿＿＿＿审理这个复杂的案件。

(5)你可以在网上查到这个案件的＿＿＿＿＿＿＿。

(6)工厂的废气净化以后才能＿＿＿＿＿＿＿到空气中。

筹集、工程、改善、行政、需求、职能

(1)政府应该转变_____，更好地服务于社会公益事业。

(2)政府部门应当依法_____。

(3)你知道中国著名的"南水北调"_____吗？

(4)这位商人_____ 100 万元建设了一个新小学。

(5)随着环保事业的发展，人们的居住环境得到了很大的_____。

(6)三峡水电站满足了中国很多地区的用电_____。

二、用括号里的词语完成句子。

(1)随着互联网的发展，网络语言_____。（兴起）

(2)_____经济遭受了巨大的损失。（导致）

(3)随着经济的发展，_____。（改善）

(4)这部法律_____。（生效）

(5)2020 年，北京市人民法院_____。（受理）

三、用下面的词语造句。

(1)兴起：

(2)意识：

(3)公益：

(4)名副其实：

(5)导致：

(6)治理：

(7)改善：

(8)污染：

(9)生效：

(10)公开：

四、根据课文内容，回答问题。

(1)什么原因导致清河成为一条"污水沟"？

(2)哪个部门对清河污水排放负有监管治理的法定职责？

(3)三原县法院对这起环境保护公益诉讼如何判决？

(4)接到判决书后，大程镇政府采取了哪些措施改善环境？

☞拓展阅读

高速路边噪声太大　居民状告江苏省环保厅胜诉

住在江苏沿江高速公路周边的吴某，因不堪忍受噪声污染，将江苏省环保厅告上法庭，要求其履行对噪声的管理和监督义务，南京中院审理后判决吴某胜诉。

2015 年 1 月 20 日，吴某通过"江苏省环境违法行为举报网上受理平台"，向江苏省环境保护厅投诉，反映其住宅距离沿江高速公路 18 米，噪声白天达 70 分贝，夜晚达 60 分贝以上，其身体健康受到很大损害，要求环保部门履行对噪声的管理和监督义务。

江苏省环保厅收到投诉后，网上转交无锡市环保局办理，该局网上签收又转交江阴市环保局办理。2015 年 1 月，江阴市环保局通过邮局给吴某寄出《信访事项不予受理告知书》，称吴某反映的噪音扰民问题已向江阴市法院提起诉讼，目前针对其部分诉讼请求，江阴市法院已作出予以支持的判决，按照《信访条例》规定，属于不予受理的情况。吴某不服，将江苏省环保厅诉至法院，请求判令其履行监督管理法定职责。

南京中院对该案进行了一审，法院认为，沿江高速公路涉案地段环保验收工作系被告直接验收并公示的，被告在验收涉案工程时已经检测到该工程在"夜间噪声都有不同程度的超标"，并称"正在实施安装隔声窗等降噪措施，计划 2006 年 6 月完成"，所以对该工程所产生的噪音扰民问题负有不可推卸的监督管理职责。南京中院还认为，被告对于原告提出的履责要求，未采取切实措施，仅作为信访事项转交下级环保部门处理。原告诉请成立，法院予以支持。判决确认被告不履行环保行政管理职责行为违法；责令被告针对原告的投诉履行相应法定职责。

最高人民法院有关人士称，本案中，法院通过调查，认定涉案高速公路环保验收工作系江苏省环保厅所为，其对群众投诉的噪声污染问题负有不可推卸的监管职责，法院裁判有利于避免行政机关之间相互推诿，有利于减少公众投诉无门或乱投诉现象，彰显了司法保障民生的正当性。

（选自新闻报道《高速路边噪声太大，居民状告省环保厅胜诉》，《现代快报》2016 年 3 月 31 日，作者：顾元森）

◎思考：

1. 吴某因为什么问题向江苏省环保厅投诉？
2. 江苏省环保厅如何处理吴某的投诉？
3. 吴某为何起诉江苏省环保厅？结果如何？

☞知识园地

环境行政诉讼

环境行政诉讼是人民法院根据对具体环境行政行为不服的公民、法人或者其他组织（环境行政相对人）的请求，在双方当事人和其他诉讼参与人的参加下，依照法定程序，审理并裁决环境行政争议案件的司法执法活动。

环境行政诉讼具有以下特点：

1. 环境行政诉讼是以行政相对人为原告，以环境行政管理机关为被告的诉讼。环境行政诉讼是在环境行政管理过程中发生的诉讼。与一般行政诉讼一样，其原告都是行政相对人，包括公民、法人或其他组织，其被告则是依法行使行政管理权的环境行政主体。

2. 环境行政诉讼由环境行政争议引发。环境行政争议是指环境行政主体与行政相对人在环境行政管理过程中发生的争议。争议双方是环境行政主体和行政相对人。争议针对的是行政主体实施的具体行政行为。争议的核心在于确认行政主体的具体行政行为是否合法。环境行政争议是启动环境行政诉讼的诱因和环境行政诉讼所要解决的内容。

3. 环境行政诉讼的核心是审查具体行政行为的合法性。人民法院审理行政争议案件的核心是审查具体行政行为是否合法。法院对具体行政行为的合法性进行审查，包括对行为的事实认定以及规范性文件的适用是否合法进行审查。

4. 环境行政诉讼的被告范围广泛。由于环境法律所调整的社会关系十分广泛，环境行政诉讼的被告范围也较广泛，包括负有环境保护和资源、生态保护职责的机关。例如，环保、海洋、港务、渔政渔港、交通、水利、铁道、民航、土地、农业、林业、矿产管理机关等。

第十五课　托列峡谷号事件

☞课文精读

"托列峡谷号"是一艘在利比里亚注册取得利比里亚船旗的商船。其船主和租赁人均是美国人。1967年3月18日，当该船从波斯湾艾哈迈迪港开往英国米尔福德港的时候，在英国东海岸领海外锡利岛和地角之间的七石礁处搁浅。当时，船上载有119328吨原油，由于原油泄漏，对英国和法国沿岸的海域造成严重的污染，致使数十万只海鸟、成千上万头海洋哺乳动物死亡。当时因海上风暴猛烈，救援行动很难进行。救援人员原本想将石油从船上抽出，但考虑到有爆炸危险，只好改变计划。救援人员试图把船浮起，由于天气过于恶劣，也没有成功。英国政府用尽一切办法后，还是无法解决污染问题，于是决定在3月27日把海面的油层烧掉，并把该船炸毁。英国政府声称它的目的不是把该船毁掉而只是把油船打开以便把油烧掉。通知船主后，英国战斗机就把该船炸毁了。船主和利比里亚政府对英国的这种做法都没有提出异议。3月30日，船上的原油全部毁掉了。利比里亚组织一个调查委员会对事故进行了调查，后来查明该事故是由于船长疏忽造成的，委员会建议撤销船长的航行执照。

按照传统习惯，船旗国对在公海上的船舶享有几乎绝对的管辖权，沿岸国只对在其沿岸领海上的船舶具有有限的权力。本事件发生在英国领海以外的海域，英国政府为了避免影响其沿海海域的环境，在用尽各种方法仍无法解决污染的情况下，派飞机把该船炸掉。此行为是否符合国际法？英国政府认为它只是为了防止污染，至于国内法或国际法以及财政上的问题就无法考虑了。英国议会中有人指责英国政府的做法不顾法律后果，但支持英国政府的人则认为，英国政府的行为是符合"自助"和"情势必需"的原则的。

1980年，联合国国际法委员会认为英国的行为符合"情势必需"原则，托列峡谷号事件威胁到英国海岸海洋环境的安全，英国有权采取"自保措施"，这是出于保护海洋环境的必要。该事件发生在英国毗连区范围，根据《领海与毗连区公约》第24条，沿海国对于违反其卫生规章的行为有权实行必要的控制。不过，当时英国还没有宣布毗连区。所以这条规定还不能适用，但从"自保"和"情势必需"的角度看，英国的行为是正当的。

托列峡谷号事件引起了一系列海事法问题，特别是有关船主和船舶租赁人的有限责任问题。英、法两国对船主和船舶租赁人提出了赔偿要求，船主和租赁人赔偿了英、法两国各150万英镑。1967年5月4日，英国把沿海国干预海洋污染事故和污染引起的民事责任两个问题向国际海事咨询组织的特别会议上提出，该组织就此问题通过两个公约，即

1969 年 11 月 29 日通过的《关于公海发生石油污染事件的干预公约》和《石油污染损害的民事责任公约》。前一公约规定缔约国"可在公海采取必要措施，以防止、减少对其海岸造成的严重的损害危险"，并要求与有关国家协商，用强制性的调解和仲裁程序解决由污染事件引起的争端。后一公约规定缔约国的船主应对船舶造成的污染负有限责任，并规定设立一笔赔偿基金，以便执行法院有关污染损害赔偿的判决。

本事件是 20 世纪 60 年代发生的一件非常严重的海洋污染事件，引起国际社会的广泛关注，在促进国际环境保护法的形成和发展方面具有重大的意义。这事件虽然没有引起国际争端，但向国际社会提出几个重要的法律问题：一是沿海国是否有权对公海发生而可能威胁其海域安全的事情采取行动？二是船旗国和船主对该船在公海造成的破坏海洋环境的事件承担什么责任？三是海洋上发生的污染事件应由哪个国家行使管辖权？这个事件告诉人们：海洋环境的保护是跨国性的，不是一个船旗国的力量能解决的，必须通过国际合作，海洋环境才能得到有效的保护。海洋事故引起的污染后果非常严重，英国对此事件采取的果断行为，虽然受到一些人的批评，但国际社会还是支持英国的做法，认为那是正当的自保行动。

（选自上海财经政法大学法学院在线案例库 http：//course. shufe. edu. cn/gjfx/al-12. html）

☞ **生词学习**

1.	船旗	chuánqí	名	flag
2.	租赁人	zūlìnrén	名	lessee
3.	领海	lǐnghǎi	名	territorial sea
4.	搁浅	gēqiǎn	动	be stranded
5.	原油	yuányóu	名	crude oil
6.	沿岸	yán'àn	名	coast
7.	救援	jiùyuán	动	rescue
8.	原本	yuánběn	副	originally
9.	爆炸	bàozhà	动	explode
10.	试图	shìtú	动	attempt；try
11.	过于	guòyú	副	excessively
12.	恶劣	èliè	形	adverse
13.	炸毁	zhàhuǐ	动	blow up
14.	声称	shēngchēng	动	claim
15.	战斗机	zhàndòujī	名	fighter
16.	异议	yìyì	名	objection；dissent
17.	委员会	wěiyuánhuì	名	committee
18.	疏忽	shūhu	动	neglect
19.	执照	zhízhào	名	license
20.	船舶	chuánbó	名	boats and ships
21.	管辖权	guǎnxiáquán	名	jurisdiction

22.	有限	yǒuxiàn	形	limited
23.	国际法	guójìfǎ	名	international law
24.	财政	cáizhèng	名	finance
25.	无法	wúfǎ	动	unable; incapable
26.	议会	yìhuì	名	parliament
27.	指责	zhǐzé	动	censure; criticize
28.	不顾	búgù	动	ignore
29.	情势	qíngshì	名	situation; trend of events
30.	毗连区	pìliánqū	名	contiguous zone
31.	公约	gōngyuē	名	convention; treaty
32.	正当	zhèngdàng	形	proper; rightful
33.	系列	xìliè	名	series
34.	海事	hǎishì	名	maritime affairs
35.	英镑	yīngbàng	名	pound
36.	干预	gānyù	动	intervene
37.	缔约国	dìyuēguó	名	contracting state
38.	调解	tiáojiě	动	mediate
39.	争端	zhēngduān	名	dispute

☞**语法训练**

1. 托列峡谷号事件威胁到英国海岸海洋环境的安全，英国有权采取"自保措施"，这是<u>出于</u>保护海洋环境的必要。

"出于……"句式表示"从某一角度、方面出发进行考虑"。例如：

①出于环保的考虑，政府责令这家工厂停工。

②出于健康的需要，你必须每天跑步半小时。

③出于减肥的目的，她决定每天晚餐只吃水果。

◆ 训练：用"出于"完成句子。

（1）_____，他每天学习汉语三小时。

（2）_____，政府鼓励大学生创新创业。

（3）_____，小米手机定价不高。

2. 可在公海采取必要措施，<u>以</u>防止、减少对其海岸造成的严重的损害危险。

"以……"句式表示上文动作行为的目的或结果。例如：

①公司在国家宏观调控下，按照市场需求自主组织生产经营，以提高经济效益、劳动生产率和实现资产保值增值。

②股东全部缴纳出资后，必须由法定的验资机构验资及出具证明，以保证出资的真实性和合法性。

③对于董事资格，各国公司立法都有规定，以保证有才能的人成为董事，维护公司的利益。

◆ 训练：用"以……"完成句子。

(1)这家工厂改进了生产技术，＿＿＿＿＿＿＿＿＿＿＿＿＿＿。

(2)他每天看一部中文电影，＿＿＿＿＿＿＿＿＿＿＿＿＿＿。

(3)这家公司降低了产品定价，＿＿＿＿＿＿＿＿＿＿＿＿＿＿。

☞课后练习

一、复习本课生词，选择合适的词语填空。

船旗、租赁人、领海、搁浅、沿岸、救援

(1)由于这片海域水太浅，导致许多大船＿＿＿＿＿＿。

(2)这家工厂发生了火灾，需要消防员＿＿＿＿＿＿。

(3)近年来，长江＿＿＿＿＿＿的树越来越多。

(4)这条船挂着中国＿＿＿＿＿＿。

(5)海军时时刻刻保卫着国家＿＿＿＿＿＿。

(6)他是这个房子的＿＿＿＿＿＿，因此他应该每个月按时交纳房租。

原本、试图、过于、恶劣、炸毁、声称

(1)由于今天的天气＿＿＿＿＿＿炎热，爬山活动取消了。

(2)美国的战斗机＿＿＿＿＿＿了一座大桥。

(3)经过几个月的战斗，双方军队都＿＿＿＿＿＿战胜了对方。

(4)他＿＿＿＿＿＿在网上购物，因为网购更便宜。

(5)他毕业后＿＿＿＿＿＿想当老师，但是后来开了一家公司。

(6)由于天气＿＿＿＿＿＿，渔船无法出海捕鱼。

异议、委员会、疏忽、执照、调解、争端

(1)学校成立了专门的＿＿＿＿＿＿，试图解决食堂饭菜不好吃的问题。

(2)如果没有驾驶＿＿＿＿＿＿，就不能开车。

(3)为了解决两国之间的＿＿＿＿＿＿，联合国派出一支维和部队。

(4)这两家公司最后决定接受法院的＿＿＿＿＿＿，握手言和。

(5)由于小王工作＿＿＿＿＿＿，给公司造成了巨大损失。

(6)关于这个问题，大家如果有＿＿＿＿＿＿，请马上告诉我。

管辖权、有限、国际法、财政、无法、指责

(1)很多留学生来中国学习＿＿＿＿＿＿专业。

(2)由于经济危机，政府出现了严重的＿＿＿＿＿＿问题，很多工程不得不停工。

(3)人的生命是＿＿＿＿＿＿的，但是可以创造无限的价值。

(4)A国没有这片海域的＿＿＿＿＿＿。

(5)由于这个工厂排放了大量未经处理的污水，受到政府和人民的＿＿＿＿＿＿。

(6)因为他没有通过HSK四级考试，所以他＿＿＿＿＿＿获得奖学金。

不顾、干预、缔约国、公约、正当、海事

(1)1982年，联合国颁布了《联合国海洋法＿＿＿＿＿＿》。

(2)中国、法国、俄罗斯等189个国家是《不扩散核武器条约》的＿＿＿＿＿＿。

(3)法院认为，他的行为属于_____防卫。

(4)孩子长大后，父母不能过于_____孩子的生活。

(5)他_____家人的反对，选择去国外留学。

(6)这个发生在公海的案件属于国际_____法院管辖。

二、用括号里的词语完成句子。

(1)_____，这次的火灾没有造成人员伤亡。（救援）

(2)由于这家工厂排放废气超标，环保部门_____。（试图）

(3)_____，夫妻俩决定撤回离婚申请。（调解）

(4)_____，但是人的一生有无限种可能。（有限）

(5)_____，他逐渐恢复了健康。（干预）

三、用下面的词语造句。

(1)领海：

(2)原本：

(3)试图：

(4)无法：

(5)指责：

(6)争端：

(7)异议：

(8)声称：

(9)正当：

(10)执照：

四、根据课文内容，回答问题。

(1)英国战斗机为什么要把托列峡谷号商船炸毁？

(2)联合国国际法委员会根据什么原则认为英国有权采取"自保措施"？

(3)针对托列峡谷号事件，国际海事咨询组织出台了哪些公约？

☞**拓展阅读**

澳大利亚、新西兰诉法国核试验案

【案情】

1966年到1972年，法国曾经多次在南太平洋法国领土波利尼亚的上空进行大气层核试验。在核试验期间，法国曾经宣布某个地区为"禁区"或"危险区"为由而不允许外国飞机和船舶通过。1973年，法国还进一步计划进行空中核试验。鉴于此，澳大利亚"请求国际法院命令法国不得在该地区进行进一步的核试验"，新西兰"请求法院判定和宣布法国政府在南太平洋地区进行核试验所引起的放射性微粒回降，根据国际法，已构成对新西兰权利的侵犯"。1973年5月16日，斐济共和国请求法院允许其参加本案的诉讼。澳大利亚和新西兰还同时请求法院提出临时保全措施，命令法国在国际法院作出判决之前，停止一切空中核试验。

法国于 1973 年 5 月 16 日发表声明，否认国际法院对本案有管辖权，声明不接受国际法院的管辖。国际法院接受了澳大利亚和新西兰的请求后，法国拒绝对以后的程序递交辩诉状，并拒绝出庭应诉。

国际法院于 1973 年 6 月 22 日以两项基本相同的命令提出临时保全措施。后来，由于法国表示不准备继续进行空中核试验，国际法院在 1974 年 12 月 20 日作出决定，认为不必对本案作进一步的判决。

【诉讼与判决】

1. 管辖权问题。澳大利亚和新西兰的起诉是以 1928 年的《和平解决国际争端总议定书》和《国际法院规约》第 36 条和第 37 条为根据的。法国在初步反对主张中认为，1928 年的《总议定书》已经生效了。法国在 1966 年 5 月 20 日接受国际法院强制管辖的声明中，法国已把"与国际活动有关的争端"排除在法院管辖之外，而空中核试验是属于国防活动的事情。国际法院认为，从两个原告提出的请求书来看，管辖权没有完全确定，不妨碍法院指示临时保全措施。

2. 临时保全措施。国际法院在 1973 年 6 月 22 日以 8 : 6 票表决，颁布两项内容基本相同的命令，指示临时措施。命令中指出：鉴于澳大利亚和新西兰两国指控法国的核试验构成侵犯国家主权，侵犯公海及其上空的自由通航，造成精神负担和环境污染，引起放射性微粒回降等的侵害行为，法院认为：空中核试验引起放射性微粒下降，很可能给澳大利亚和新西兰领土造成不可弥补的损失。因此命令法国避免再进行在澳大利亚和新西兰领土引起的放射性微粒下降的核试验。

3. 1974 年 12 月 20 日的判决。1974 年 7 月 25 日，法国总统在一次记者招待会上的声明中表示法国已打算在结束 1974 年的一系列试验之后立即无条件停止空中核试验。其后，法国国防部长也在记者招待会上作了同样的表示。国际法院认为，一个国家公开发表声明，表示接受该声明的约束，该声明即具有法律的保证。这种声明不必是对某个特定国家提出，不用交换条件，不用他国接受，也不一定要用书面形式。由单方面声明承担国际义务的约束，是建立在"善意"原则基础上的行为，是他国可以信赖的法律保证，而且后来法国承担不再进行核试验的义务也实现了。争端已不存在，法院就没有必要作进一步的判决，斐济参加本诉讼的请求就应给予撤回了。

【评注】

本案是第一个关于空中核试验的案子，由于法国承诺不再进行核试验而没有对实质性问题作进一步判决。从国际法院的临时保全命令中可以看到，空中核试验把放射性微粒释放到大气层中，再回降到地面，是空间污染的重要来源。本案发生时，保护国际环境已经受到国际社会的普遍关注，《禁止核试验条约》已经签订了。国际法院的临时保全命令正可作为防止空间污染这个新习惯规则存在的证据。由于本案的管辖权问题尚未最后确定，法院未能对空中核试验是否违反国际法的问题作出判决，曾受到持异议法官的批评。法国政府单方面所作的声明是否可以作为对国际义务的承诺，本案判决作了详细的说明，对条约效力的根据作了补充的解释，因而本案也常常被作为说明条约效力来源的案例。

(选自上海财经政法大学法学院在线案例库 http：//course. shufe. edu. cn/gjfx/al-12. html)

◎思考：

1. 对于法国空中核试验案件，国际法院有管辖权吗？

2. 法国否认国际法院对其具有管辖权后，国际法院有何行动？

3. 国际法院为何没有对法国核试验案做进一步判决？

4. 一个国家公开发表声明，表示接受某条约的约束，该声明具有法律效力吗？

☞知识园地

国际法的特征

国际法作为不同于国内法的一个特殊法律体系，具有以下基本特征：

1. 国际法的主体主要是国家。国际法主体指具有享受国际法上的权利和承担国际法上的义务的能力的国际法律关系参加者。

国际法主体虽然同国内法主体一样都是法律关系的参加者，但又不同于国内法主体。国际法主要是国家间的法律，作为国际法主体，必须具备以下三个条件：(1)有独立参加国际法律关系的能力；(2)有直接承担国际法上的义务的能力；(3)有直接享受国际法上的权利的能力。因此国际法的主体主要是国家。传统的国际法认为只有国家才是国际法的唯一主体，随着现代国际法的发展，国际组织及争取独立的民族在一定条件下和特定范围内也可以成为国际法的主体。个人和公司则不能作为国际法的主体。

2. 国际法是国家以协议的方式制定的。在国际上没有凌驾于国家之上的国际立法机构来制定国际法，国际法的原则、规则和规章制度只能由国家在平等基础上以协定方式制定。当然，这主要是就成文性国际法而言的。至于习惯国际法，则主要是国家之间在其反复的国际实践中形成的。

作为国际法的原则、规则和制度的具体表现形式，国际社会公认的国际法的渊源主要有国际条约和国际习惯。国际条约是现代国际法的主要渊源之一，现代国际法的原则、规则和制度主要规定于国际条约之中，国际法院对于陈述的各项争端也主要是适用国际条约来解决的；国际习惯是各国在反复实践中形成的具有法律约束力的不成文的行为规则，也是国际法的主要渊源之一。此外，也有学者认为一般法律原则和司法判例以及权威的法学家的学说也可作为国际法的渊源。

国际法基本原则是指被各国所公认的、具有普遍约束力的、适用于国际法各个领域的、构成国际法基础的法律原则。国际法基本原则是随着国际关系的发展和时代的需要而逐步产生和发展起来的。现代国际法的基本原则主要有：国家主权平等原则；不得使用威胁或武力侵害任何国家原则；和平解决国际争端原则；不干涉内政原则；国际合作原则；民族自决原则；善意履行国际义务原则。

3. 国际法采取与国内法不同的强制实施方式。国际上没有超越于国家之上的强制机关来强制实施国际法，国际法的实施只能靠国家本身的行动。当国家权力受到侵害时，国家可以通过单独或集体的方式来抗击侵略者，维护自己的合法权益。

(选自吴汉东主编《法学通论(第六版)》，北京大学出版社，2012 年)

词 汇 表

A

安居乐业	ānjūlèyè		7
按照	ànzhào	介	1

B

把握	bǎwò	动	13
办案	bànàn	动	1
扮演	bànyǎn	动	4
包含	bāohán	动	7
保障	bǎozhàng	动	2
报酬	bàochóu	名	9
报销	bàoxiāo	动	3
暴利	bàolì	名	5
爆炸	báozhà	动	15
被动	bèidòng	形	1
被告	bèigào	名	1
本质	běnzhì	名	1
逼迫	bīpò	动	9
比例	bǐlì	名	10
必然	bìrán	形	8
避免	bìmiǎn	动	9
边界	biānjiè	名	11
编纂	biānzuǎn	动	1
辩护人	biànhùrén	名	1
标注	biāozhù	动	3
飙车	biāochē	动	6
表决	biǎojué	动	7
并重	bìngzhòng	动	13
剥夺	bōduó	动	2
驳回	bóhuí	动	3

124

补偿	bǔcháng	动	9
不当	búdàng	形	8
不法分子	bùfǎfènzi	名	5
不服	bùfú	动	8
不顾	búgù	动	15
不利于	búlìyú	动	10
不知不觉	bùzhībùjué	形	5
不可开交	bùkěkāijiāo		12

C

财产	cáichǎn	名	2
财政	cáizhèng	名	15
裁定	cáidìng	动	11
裁判	cáipàn	名/动	11
采纳	cǎinà	动	3
参与者	cānyùzhě	名	4
惨案	cǎn'àn	名	6
草案	cǎoàn	名	7
策划	cèhuà	动	3
查明	chámíng	动	11
差异	chāyì	名	1
阐述	chánshù	动	12
常理	chánglǐ	名	12
撤回	chèhuí	动	9
撤销	chèxiāo	动	9
成本	chéngběn	名	4
成立	chénglì	动	8
成文	chéngwén	名/动	1
成人礼	chéngrénlǐ	名	12
诚意	chéngyì	名	8
呈现	chéngxiàn	动	10
承担	chéngdān	动	8
承诺	chéngnuò	动	11
程度	chéngdù	名	4
程序	chéngxù	名	1
惩罚	chéngfá	动	4
惩罚性	chéngfáxìng	形	11
惩治	chéngzhì	动	4

冲动	chōngdòng	形	10
充分	chōngfèn	形	10
崇尚	chóngshàng	动	1
重叠	chóngdié	动	12
筹集	chóují	动	14
出差	chūchāi	动	3
出轨	chūguǐ	动	9
出台	chūtái	动	7
储存	chǔcún	动	4
处理	chǔlǐ	动	12
传承	chuánchéng	动	7
传递	chuándì	动	4
传染病	chuánrǎnbìng	名	9
船舶	chuánbó	名	15
船旗	chuánqí	名	15
创新	chuàngxīn	动	7
创业	chuàngyè	动	11
创造	chuàngzào	动	1
促进	cùjìn	动	13
璀璨	cuǐcàn	形	5
存续期	cúnxùqī	名	9
存在	cúnzài	动	10

D

答辩	dábiàn	动	3
打击	dǎjī	动	11
打架	dǎjià	动	10
代价	dàijià	名	5
代驾	dàijià	动	6
代理人	dàilǐrén	名	1
贷款	dàikuǎn	动	2
单位	dānwèi	名	5
当事人	dāngshìrén	名	1
导致	dǎozhì	动	14
到位	dàowèi	动	14
盗掘	dàojué	动	5
盗墓	dàomù	动	5
登记	dēngjì	动	9

缔约国	dìyuēguó	名	15
凋零	diāolíng	动	13
吊销	diàoxiāo	动	6
定罪	dìngzuì	动	6
董事	dǒngshì	名	11
电子商务	diànzǐshāngwù		12
独立	dúlì	形	2
独特	dútè	形	1
赌博	dǔbó	动	9
对象	duìxiàng	名	4
多样性	duōyàngxìng	名	1

E

恶劣	èliè	形	15
恶意	èyì	名	11
遏制	èzhì	动	12

F

发布	fābù	动	8
发挥	fāhuī	动	1
罚款	fákuǎn	动	6
法典	fǎdiǎn	名	1
法定	fǎdìng	形	14
法规	fǎguī	名	5
法系	fǎxì	名	1
法则	fǎzé	名	12
法治	fǎzhì	名/动	1
反对	fǎnduì	动	1
反悔	fǎnhuǐ	动	9
反省	fǎnxǐng	动	10
反映	fǎnyìng	动	5
犯罪	fànzuì	动	4
防范	fángfàn	动	4
防线	fángxiàn	名	4
防止	fángzhǐ	动	13
妨碍	fáng'ài	动	10
仿照	fǎngzhào	动	1
非法	fēifǎ	形	4

废水	fèishuǐ	名	14
废止	fèizhǐ	动	9
分布	fēnbù	动	1
分割	fēngē	动	9
分居	fēnjū	动	9
纷争	fēnzhēng	名	8
坟墓	fénmù	名	7
丰富	fēngfù	形	4
风尚	fēngshàng	名	9
疯狂	fēngkuáng	形	5
奉行	fèngxíng	动	1
符合	fúhé	名	7
抚慰金	fǔwèijīn	名	3
抚养	fǔyǎng	动	2
负担	fùdān	动/名	9
赋予	fùyǔ	动	8

G

改善	gǎishàn	动	14
概念	gàiniàn	名	4
干预	gānyù	名	15
搁浅	gēqiǎn	动	15
根本	gēnběn	名	2
工程	gōngchéng	名	14
工艺	gōngyì	名	14
公开	gōngkāi	形/动	14
公民	gōngmín	名	2
公认	gōngrèn	动	13
公益	gōngyì	名	14
公约	gōngyuē	名	15
公证处	gōngzhèngchù	名	7
规模	guīmó	名	12
规范	guīfàn	形	12
公众	gōngzhòng	名	10
攻击	gōngjī	动	4
巩固	gǒnggù	动	13
共识	gòngshí	名	6
共享	gòngxiǎng	动	4

贡献	gòngxiàn	动/名	9
构成	gòuchéng	动	8
诟病	gòubìng	动	12
股东	gǔdōng	名	11
关注	guānzhù	动	3
观点	guāndiǎn	名	8
管辖	guǎnxiá	动	1
管辖权	guǎnxiáquán	名	15
光荣	guāngróng	名/形	2
广泛	guǎngfàn	形	10
规定	guīdìng	动	2
规划	guīhuà	名/动	7
规制	guīzhì	动	13
国徽	guóhuī	名	2
国籍	guójí	名	2
国际法	guójìfǎ	名	15
果断	guǒduàn	形	10
过错	guòcuò	名	9
过于	guòyú	副	15

H

海量	hǎiliàng	形	4
海事	hǎishì	名	15
含量	hánliàng	名	6
豪华	háohuá	形	5
合法	héfǎ	形	2
合议庭	héyìtíng	名	12
和解	héjiě	动	11
痕迹	hénjì	名	5
呼气	hūqì	动	6
环节	huánjié	名	13
缓冲	huǎnchōng	动	10
恢复	huīfù	动	12
挥霍	huīhuò	动	9
回顾	huígù	动	13
毁灭	huǐmiè	动	5
活力	huólì	名	11

J

机动车	jīdòngchē	名	6
机关	jīguān	名	2
机遇	jīyù	名	13
极其	jíqí	副	4
即便	jíbiàn	连	2
即将	jíjiāng	副	4
计划生育	jìhuàshēngyù		2
继承性	jìchéngxìng	名	1
跻身	jīshēn	动	12
加强	jiāqiáng	动	4
家暴	jiābào	名	9
坚持	jiānchí	动	8
监管	jiānguǎn	动	13
兼职	jiānzhí	动	9
监督	jiāndū	动	12
检测	jiǎncè	动	6
检视	jiǎnshì	动	10
检验	jiǎnyàn	动	6
简历	jiǎnlì	名	3
健全	jiànquán	形	13
鉴于	jiànyú	介	11
交易	jiāoyì	动	12
角色	juésè	名	8
结论	jiélùn	名	1
解决	jiějué	动	10
届满	jièmǎn	动	10
进度	jìndù	名	14
进一步	jìnyíbù	副	4
禁忌	jìnjì	动	3
禁止	jìnzhǐ	动	2
经历	jīnglì	动	7
经营者	jīngyíngzhě	名	13
警告函	jǐnggàohán	名	11
警示	jǐnshì	动	6
精准	jīngzhǔn	形	12
竞争	jìngzhēng	动	12

纠纷	jiūfēn	名	11
救援	jiùyuán	动	15
拘役	jūyì	动	4
沮丧	jǔsàng	形	3
举措	jǔcuò	名	13
举证	jǔzhèng	动	10
拒绝	jùjué	动	3
具有	jùyǒu	动	2
剧照	jùzhào	名	8
捐献	juānxiàn	动	7
绝对	juéduì	形	4

K

开工	kāigōng	动	14
开展	kāizhǎn	动	10
开支	kāizhī	名	11
抗辩	kàngbiàn	动	11
抗争	kàngzhēng	动	3
考虑	kǎolǜ	动	8
恐怕	kǒngpà	副	1
跨越	kuàyuè	动	4
宽松	kuānsōng	形	10
况且	kuàngqiě	连	12
框架	kuàngjià	名	6
亏损	kuīsǔn	动	9
捆绑	kǔnbǎng	动	12
扩大	kuòdà	动	9
扩张	kuòzhāng	动	13

L

滥用	lànyòng	动	11
劳务	láowù	名	9
类型	lèixíng	名	1
冷静	lěngjìng	形	9
离婚率	líhūnlǜ	名	10
理念	lǐniàn	名	1
理智	lǐzhì	形	10
立法	lìfǎ	动	1

利弊	lìbì	名	10
利益	lìyì	名	2
利用	lìyòng	动	8
良性	liángxìng	形	13
灵魂	línghún	名	5
领海	lǐnghǎi	名	15
领取	lǐngqǔ	动	9
领先	lǐngxiān	动	13
领域	lǐngyù	名	4
零售	língshòu	动	12
流动	liúdòng	动	13
垄断	lǒngduàn	动	13
录用	lùyòng	动	3
论述	lùnshù	动	11
论证	lùnzhèng	动	10
乱象	luànxiàng	名	12
逻辑	luójì	名	7
落实	luòshí	动	12
履行	lǚxíng	动	14

M

矛盾	máodùn	名	10
卖家	màijiā	名	12
没收	mòshōu	动	4
猛烈	měngliè	形	4
民法典	mínfǎdiǎn	名	7
民事	mínshì	名	7
民主	mínzhǔ	名	2
敏感性	mǐngǎnxìng	名	6
名副其实	míngfùqíshí		14
某	mǒu	代	2
墓穴	mùxuè	名	5

N

纳入	nàrù	动	6
内涵	nèihán	名	4
年均	niánjūn	动	6
浓度	nóngdù	名	6

虐待	nüèdài	动	2

P

排除	páichú	动	3
排放	páifàng	动	14
派出	pàichū	动	14
判处	pànchǔ	动	4
判断	pànduàn	动	12
判决	pànjué	名	1
判决书	pànjuéshū	名	14
陪审团	péishěntuán	名	1
陪审员	péishěnyuán	名	1
陪葬	péizàng	动	5
赔偿	péicháng	动	3
赔礼	péilǐ	动	8
配置	pèizhì	动	13
烹饪	pēngrèn	动	3
碰撞	pèngzhuàng	动	10
批准	pīzhǔn	动	5
毗连区	pìliánqū	名	15
嫖娼	piáochāng	动	9
频繁	pínfán	形	6
品质	pǐnzhì	名	13
平台	píngtái	名	13
平息	píngxī	动	8
破裂	pòliè	动	10

Q

限期	qīxiàn	动	14
歧视	qíshì	动	3
启蒙	qǐméng	动	7
起草	qǐcǎo	副	7
起诉	qǐsù	动	9
弃权	qìquán	动	7
器材	qìcái	名	11
前款	qiánkuǎn	名	10
潜在	qiánzài	形	4
强化	qiánghuà	动	13

强制性	qiángzhìxìng	名	8
切实	qièshí	形	13
窃密	qièmì	动	4
侵犯	qīnfàn	动	2
侵略	qīnlüè	动	2
亲自	qīnzì	副	10
轻率	qīngshuài	形	10
清醒	qīngxǐng	形	6
情节	qíngjié	名	5
情理	qínglǐ	名	1
情势	qíngshì	名	15
情形	qíngxíng	名	9
趋势	qūshì	名	1
权力	quánlì	名	1
权威	quánwēi	名	13
权限	quánxiàn	名	1
全局	quánjú	名	13
确保	quèbǎo	动	4

R

热议	rèyì	动	10
人次	réncì	量	6
人格	réngé	名	7
人格权	réngéquán	名	2
人权	rénquán	名	2
认定	rèndìng	动	12
日益	rìyì	副	6
融合	rónghé	动	1
融入	róngrù	动	4

S

善意	shànyì	名	11
赡养	shànyǎng	动	2
商业	shāngyè	名	8
商誉	shāngyù	名	11
上诉	shàngsù	动	8
上诉人	shàngsùrén	名	12
设施	shèshī	名	14

涉案	shèàn	动	8
涉及	shèjí	动	4
涉嫌	shèxián	动	6
深入人心	shēnrùrénxīn	动	7
神秘	shénmì	形	2
审理	shěnlǐ	动	8
审判	shěnpàn	动	1
审议	shěnyì	动	4
渗透	shèntòu	动	4
生动	shēngdòng	动	7
生前	shēngqián	名	5
生态	shēngtài	名	13
生效	shēngxiào	动	14
声称	shēngchēng	动	15
声明	shēngmíng	名	8
胜任	shèngrèn	动	3
胜诉	shèngsù	动	3
失控	shīkòng	动	4
石沉大海	shíchéndàhǎi		3
实际	shíjì	形	6
实施	shíshī	动	6
实质	shízhì	名	10
事故	shìgù	名	6
事实	shìshí	名	14
试图	shìtú	动	15
视觉	shìjué	名	8
视为	shìwéi	动	10
适应	shìyìng	动	4
适用	shìyòng	形	10
收益	shōuyì	名	9
受理	shòulǐ	动	14
授权	shòuquán	动	11
书记员	shūjìyuán	名	12
疏忽	shūhu	动	15
术语	shùyǔ	名	1
双方	shuāngfāng	名	9
司法	sīfǎ	动	1
司法实践	sīfǎshíjiàn		6

死刑	sǐxíng	名	5
诉讼	sùsòng	动	1
诉状	sùzhuàng	名	3
随时	suíshí	副	9
随意	suíyì	形	12
随着	suízhe	介	4
遂	suì	副	8
碎片化	suìpiànhuà	动	12
损害	sǔnhài	动	9
损失	sǔnshī	名	5

T

拓展	tuòzhǎn	动	6
胎儿	tāiér	名	7
态度	tàidù	名	10
探视	tànshì	动	10
躺	tǎng	动	8
体现	tǐxiàn	动	2
体制	tǐzhì	名	1
挑战	tiǎozhàn	动/名	4
调解	tiáojiě	动	15
条款	tiáokuǎn	名	12
条文	tiáowén	名	4
庭审	tíngshěn	动	1
同时	tóngshí	名	10
统治阶级	tǒngzhìjiējí	名	2
投资	tóuzī	动	9
突出	tūchū	形	10
突显	tūxiǎn	动	13
团伙	tuánhuǒ	名	5
推动	tuīdòng	动	13
推进	tuījìn	动	7
推销	tuīxiāo	动	11
蜕变	tuìbiàn	动	12
退休	tuìxiū	动	2

W

瓦解	wǎjiě	动	10

外延	wàiyán	名	4
挽救	wǎnjiù	动	10
危害	wēihài	名	6
威胁	wēixié	动	4
违法	wéifǎ	动	4
违反	wéifǎn	动	5
维持	wéichí	动	8
维权	wéiquán	动	3
伪造	wěizào	动	9
伪劣	wěiliè	形	12
委员会	wěiyuánhuì	名	15
未成年	wèichéngnián	名	2
温和	wēnhé	形	10
文案	wén'àn	名	3
文明	wénmíng	名	5
文物	wénwù	名	5
污染	wūrǎn	动	14
污水	wūshuǐ	名	14
无法	wúfǎ	动	15
无过错方	wúguòcuòfāng	名	7
无期徒刑	wúqītúxíng	名	5
无视	wúshì	动	11
物业	wùyè	名	7

X

系列	xìliè	名	15
嫌疑人	xiányírén	名	5
限制	xiànzhì	动	9
宪法	xiànfǎ	名	2
相对人	xiāngduìrén	名	13
相关	xiāngguān	形	2
相似性	xiāngsìxìng	名	1
享有	xiǎngyǒu	动	3
消除	xiāochú	动	11
消费者	xiāofèizhě	名	13
消极	xiāojí	形	1
销赃	xiāozāng	动	5
孝顺	xiàoshùn	动	2

肖像	xiàoxiàng	名	8
肖像权	xiàoxiàngquán	名	7
效果	xiàoguǒ	名	8
效力优先	xiàolìyōuxiān	名	7
协同	xiétóng	动	12
协商	xiéshāng	动	10
协议	xiéyì	动/名	9
信仰	xìnyǎng	名	7
信用	xìnyòng	名	11
刑法	xíngfǎ	名	4
行使	xíngshǐ	动	2
行政	xíngzhèng	动/名	14
行政拘留	xíngzhèng jūliú		6
行政诉讼	xíngzhèng sùsòng		1
形势	xíngshì	名	4
形象	xíngxiàng	名	8
兴起	xīngqǐ	动	6
性质	xìngzhì	名	13
修订	xiūdìng	动	4
需求	xūqiú	名	14
许可	xǔkě	动	8
选举权	xuǎnjǔquán	名	2
循环	xúnhuán	动	13
寻租	xúnzū	动	12

Y

压缩	yāsuō	动	12
延迟	yánchí	动	6
延伸	yánshēn	动	4
严谨	yánjǐn	形	7
严厉	yánlì	形	11
沿岸	yán'àn	名	15
演进	yǎnjìn	动	13
要件	yàojiàn	名	11
业主	yèzhǔ	名	7
依法	yīfǎ	副	4
野蛮	yěmán	形	12
遗产	yíchǎn	名	2

一旦	yídàn	副	4
遗留	yíliú	动	5
一律	yílù	副/形	2
遗弃	yíqì	动	2
遗址	yízhǐ	名	5
遗嘱	yízhǔ	名	7
以致	yǐzhì	连	5
议会	yìhuì	名	15
义务	yìwù	名	2
异议	yìyì	名	15
意见稿	yìjiàngǎo	名	10
意识	yìshí	名	14
意愿	yìyuàn	名	3
因素	yīnsù	名	8
隐蔽	yǐnbì	动/形	4
隐私	yǐnsī	名	7
引擎	yǐnqíng	名	12
应聘	yìngpìn	动	3
英镑	yīngbàng	名	15
影响	yǐngxiǎng	动	4
盈利	yínglì	动	12
优势	yōushì	名	13
优惠	yōuhuì	形	12
尤其	yóuqí	副	10
有期徒刑	yǒuqītúxíng	名	4
有限	yǒuxiàn	形	15
有助于	yǒuzhùyú	动	9
舆论	yúlùn	名	6
予以	yǔyǐ	动	8
预期	yùqī	动	11
阈值	yùzhí	名	6
渊源	yuānyuán	名	1
原本	yuánběn	副	15
原告	yuángào	名	1
原理	yuánlǐ	名	7
原油	yuányóu	名	15
源流	yuánliú	名	1
愿意	yuànyì	动	10

Z

载体	zàitǐ	名	8
赞成	zànchéng	动	10
赃款	zāngkuǎn	名	5
遭受	zāoshòu	动	5
造成	zàochéng	动	6
责令	zélìng	动	13
炸毁	zhàhuǐ	动	15
债务	zhàiwù	名	9
占有	zhànyǒu	动	5
战斗机	zhàndòujī	名	15
招聘	zhāopìn	动	3
召开	zhàokāi	动	13
针对	zhēnduì	动	9
侦查	zhēnchá	动	5
珍贵	zhēnguì	形	5
震慑	zhènshè	动	6
争端	zhēngduān	名	15
争论	zhēnglùn	名	1
争议	zhēngyì	名	10
征求	zhēngqiú	动	10
整合	zhěnghé	动	12
正当	zhèngdàng	形	15
正式	zhèngshì	形	9
支出	zhīchū	名	8
支配	zhīpèi	动	13
知名度	zhīmíngdù	名	8
知识产权	zhīshíchǎnquán	名	11
执法	zhífǎ	动	13
执行	zhíxíng	动	5
执照	zhízhào	名	15
职能	zhínéng	名	14
职责	zhízé	名	14
殖民地	zhímíndì	名	1
指挥	zhǐhuī	动	5
指南	zhǐnán	名	13
指责	zhǐzé	动	15

制定	zhìdìng	动	7
制度	zhìdù	名	1
制止	zhìzhǐ	动	4
治理	zhìlǐ	动	14
致使	zhìshǐ	动	5
中世纪	zhōngshìjì	名	1
终审	zhōngshěn	动	8
仲裁	zhòngcái	动	1
重伤	zhòngshāng	名	6
逐步	zhúbù	副	1
主导	zhǔdǎo	动	1
主犯	zhǔfàn	名	5
主观	zhǔguān	形	8
主权	zhǔquán	名	4
主张	zhǔzhāng	动	9
住宿	zhùsù	动	3
注册商标	zhùcèshāngbiāo	名	11
著作权	zhùzuòquán	名	11
抓获	zhuāhuò	动	5
专利	zhuānlì	名	11
转折	zhuǎnzhé	动	14
准予	zhǔnyǔ	动	9
资质	zīzhì	名	12
自觉	zìjué	形	6
自然人	zìránrén	名	8
租赁人	zūlìnrén	名	15
阻碍	zǔ'ài	动	13
罪行	zuìxíng	名	5
醉驾	zuìjià	动	6
作品	zuòpǐn	名	11
尊严	zūnyán	名	7
遵循	zūnxún	动	1

编　后　记

《法律汉语》(通论篇)的问世与来华留学生的培养需求息息相关。"法学"是中南财经政法大学"双一流"建设学科，每年有许多留学生修读中文授课法学专业。然而，HSK 四级水平仅能满足留学生日常生活需要，无法使其适应专业课中文授课语境，这也给法学院不少专业课教师带来困扰。于是作为留学生的中文教学单位，中南财经政法大学国际教育学院对外汉语教研室萌生了编写一套具有衔接功能的法学专业汉语教材的构想，恰逢国教院龙又珍副教授成功申请了"中南财经政法大学本科留学生课程体系建设及教学资源开发"创新项目，该项目为本教材的编写和出版提供了经费支持。

《法律汉语》(通论篇)的出版离不开编委们的分工协作，编委来自中南财经政法大学、华中师范大学、武汉理工大学等多所高校，涉及语言学和法学两大学科。教材编写工作于2018 年启动，具体分工和流程如下：

(1)中南财经政法大学法律硕士教育中心潘丰文副研究员提供了约 200 万字的法律文本电子版，华中师范大学语言研究所沈威副教授以此为基础建立了法律文本语料库，并利用中国科学院研制的汉语词法分析系统(ICTCLAS)进行了分词及词频统计，获取了一系列法学高频词汇。

(2)中南财经政法大学法学院江登琴副教授以多个部门法律为纲整理了选文，并从专业角度筛选了 30 篇短文。(约 8 万字)

(3)武汉理工大法学与人文社会学院曾李副教授对选文进行了加工，注释选文中的法学高频词汇并精心设计了课后练习。(约 10 万字)

(4)中南财经政法大学国际教育学院王耿副教授参考多部《法律语言学》专著关于法律语言特有句式的研究，注释了选文中的特有句式。

(5)编写组统稿，审核。中南民族大学汉语国际教育专业硕士生龙玉洁、林芳昕等同学对书稿进行了校对，王耿副教授负责全书统稿。(约 10 万字)

主编王耿对上述参与教材编写的教师和同学们致以最诚挚的感谢！此外，特别感谢中南财经政法大学国际教育学院黄娟院长，她不仅为本教材的政治站位、思政渗透及未来发展方向提供了导引，而且还从工作和生活上给予编写组成员无微不至的关怀和照顾；特别感谢秦小莉副院长、汪正君副院长为本教材编写提供诸多便利条件；特别感谢武汉大学出版社领导和编辑们为该教材的出版付出的努力。

《法律汉语》(通论篇)只是中南财经政法大学国际教育学院在探求国际中文教育特色

发展之路上迈出的一小步，今后将根据留学生实际需求并结合我校优势学科，继续深入探索国际中文教育和其他专业学历教育的接口。

王 耿

2023 年 6 月 20 日